Rebecca Dernelle-Fischer

Gute Nacht

Rebecca
Dernelle-Fischer

Gute
Nacht

Entspannende
Gedankenreisen
für Mamas

BRUNNEN
Verlag GmbH · Giessen

Rebecca Dernelle-Fischer, geboren 1978 in Belgien, lebt seit 20 Jahren mit ihrem Mann Christoph in Süddeutschland. Gemeinsam haben sie 3 Töchter zwischen 11 und 18 Jahren. Rebecca ist Psychologin und kombiniert gerne ihren Alltag mit ihrem Beruf, indem sie schreibt. Am liebsten verfasst sie Texte, die Mütter ermutigen und berühren, und Worte, die vermitteln: „Genau so, wie du bist, bist du richtig, wichtig und geliebt."

Die verwendeten Bibelverse sind folgenden Übersetzungen entnommen:

GNB: Gute Nachricht Bibel, durchgesehene Neuausgabe, © 2018 Deutsche Bibelgesellschaft, Stuttgart.

BB: BasisBibel, © 2021 Deutsche Bibelgesellschaft, Stuttgart.

NLB: Neues Leben. Die Bibel, © der deutschen Ausgabe 2002 und 2006 SCM R.Brockhaus in der SCM Verlagsgruppe GmbH, Witten/ Holzgerlingen.

HfA: Die Bibelstellen sind der Übersetzung Hoffnung für alle® entnommen, Copyright © 1983, 1996, 2002, 2015 by Biblica, Inc.®.

NGÜ: Verwendet mit freundlicher Genehmigung des Herausgebers Fontis. Bibeltext der Neuen Genfer Übersetzung – Neues Testament und Psalmen, Copyright © 2011 Genfer Bibelgesellschaft, wiedergegeben mit freundlicher Genehmigung. Alle Rechte vorbehalten.

© 2023 Brunnen Verlag GmbH, Gießen
Lektorat: Stefan Loß
Umschlaggestaltung: Jonathan Maul
Druck: CPI Books GmbH, Leck
ISBN Buch: 978-3-7655-4385-2
ISBN E-Book: 978-3-7655-7697-3
www.brunnen-verlag.de

Inhalt

Wie ein Gutenachtkuss

Die Bettdecke ist zurechtgelegt, der letzte Gutenachtkuss auf der Stirn gelandet, die Gutenachtgeschichte vorgelesen. Zwischendurch hat sie immer wieder gegähnt. Die Tür bleibt einen Spalt offen und das Licht im Flur an. Ein paar Schritte, barfuß auf dem Boden, wo noch ein paar Spielzeuge verstreut liegen, ein Blick in die Küche. „Die Spülmaschine muss noch eingeräumt werden", seufzt sie leise.

Sie ist so müde und wünschte, sie hätte auch jemanden, der sie liebevoll zudeckt, ihr eine Hand auf die Stirn legt und die Sorgen wegpustet. Eine Stimme, die ihr eine Gutenachtgeschichte vorliest. Ihr, der Mama, die tagein, tagaus trägt, tröstet, ermahnt, lacht, versorgt, zuhört, erklärt, kocht, arbeitet, plant, manchmal auch weint. Sie möchte auch wieder einmal Kind sein und eingekuschelt in bunten Bettdecken, umgeben von Plüschtieren und kuschelweichen Kissen, sorglos die Augen zumachen und diese Worte hören: „Schlaf gut! Träum süß! Wir haben dich so lieb." Einmal die To-dos, die „Ich sollte/müsste/könnte das und das tun" vergessen, weglegen oder verschieben. Einmal nicht mehr verantwortlich sein. Ach, noch einmal am Abend in den Arm genommen werden und in Sicherheit und Vertrauen einschlafen! Alles loslassen und bis zum Morgen ausruhen. Sie möchte einfach nur zur Ruhe kommen.

Für alle Mamas, die sich so sehr nach Ruhe und Geborgenheit sehnen, habe ich mein Buch geschrieben. Es sind ein paar Texte, ein paar Geschichten, die dir ins Ohr flüstern: „Schlaf gut! Träum süß! Du bist so toll und wir haben dich so lieb." Als ob ich neben deinem Bett säße und dir vorlesen würde. Ich möchte, dass meine Worte sich wie eine warme Umarmung anfühlen. Wie ein Schal um den Hals, der vor der Kälte schützt. Wie eine Tasse Tee, die die Seele aufwärmt. Wie ein Moment nur für dich. Wie ein Zwinkern am Abend, das dich erinnert: „Du bist wunderbar. Du bist genug. Ja, du bist müde. Morgen ist ein neuer Tag. Komm zur Ruhe! Morgen wirst du neue Kräfte haben."

> *„Deshalb sorgt euch nicht um morgen – der nächste Tag wird für sich selber sorgen! Es ist doch genug, wenn jeder Tag seine eigenen Schwierigkeiten mit sich bringt."*
> *(Matthäus 6,34; HfA)*

Wie gut ist es zu wissen, dass wir in Sicherheit einschlafen dürfen. Wir können Kräfte tanken für den Tag, der danach kommt. Gott wacht über unseren Schlaf. Aber manchmal reicht es nicht, das nur zu wissen. Wir müssen es spüren, hören, tief in uns fühlen: Ich darf in Frieden schlafen. Wir brauchen ein Schlaflied nur für uns, besonders wenn wir unsere eigene Melodie nicht mehr hören, wenn unsere Herzen sich nur noch durchkämpfen. Unsere Hände und unsere Seele müde sind. Wenn die Stimmen im Kopf uns nur noch Vorwürfe machen und Befehle erteilen.

Jedes Kapitel in diesem Buch soll dir helfen, am Ende

eines Tages zur Ruhe zu kommen und einzuschlafen: sanfte Töne, leise geflüsterte Worte, die entspannen, bis sich die Augen von alleine schließen. Ich möchte dich jeden Abend segnen. Ich möchte dir noch einmal sagen, dass du geliebt bist. Du bist nicht allein. Ich bin nicht allein.

Weil – ehrlich gesagt: Ich bin einfach oft auch eine müde Mama. Ich bin eine Diplom-Psychologin und Autorin, die seit Jahrzehnten nicht besonders gut schläft. Ich muss immer wieder neue Wege finden, zu entspannen, zu vertrauen und zur Ruhe zu kommen. Auf meiner Suche habe ich viele andere „Glühwürmchen-Mamas" getroffen. Mamas, die nachts ihr inneres Licht nicht ganz ausschalten können, die es manchmal schwer haben, einzuschlafen. Die manchmal mitten in der Nacht aufwachen (ab und zu sogar in Panik) oder die um 4 Uhr ihre To-dos für den kommenden Tag bearbeiten. Ja, ich bin auch Teil dieser „Glühwürmchen-Community". Und immer wieder muss ich mir deshalb diesen Vers selbst zusprechen:

„In Frieden kann ich schlafen gehen.
Denn du allein, Herr, sorgst dafür,
dass ich hier sicher wohnen kann."
(Psalm. 4,9; BB)

Ich habe peu à peu gelernt, nicht nur für mich, sondern auch für andere Mamas ermutigende, wohltuende, entspannende „Worte zur guten Nacht" zu finden und aufzuschreiben. Ich habe jetzt eine Reihe an Gute-Nacht-Texten und Schlafliedern für Mamas geschrieben und staune, wie sehr wir diese liebevolle Stimme in unserem Leben brauchen. Wie gut mir ein „Schlaf gut, liebe Rebecca!" tut. Die wirklich gute Nachricht ist, dass wir auch selbst zu dieser Stimme für uns werden können. Ja, wir können es lernen, mit uns selbst am Abend so liebevoll umzugehen wie eine Mutter mit ihren Kindern. Du kannst am Abend genauso mit dir selbst umgehen, sprechen, wie du es mit deinen Kindern tust. Ist das nicht wunderbar?

Ich würde dich gerne dabei begleiten – als ob ich am Abend da wäre, um dir „Gute Nacht" zu sagen. Ich will gemeinsam mit dir eine Stimme in dir finden, die dir am Ende des Tages freundlich begegnet, eine Stimme voller Dankbarkeit, Liebe, Wertschätzung und Zuversicht. Und Worte finden, die dich segnen und dich daran erinnern, dass du wertvoll bist, so wie du bist. Du bist nicht allein. Du bist geliebt. Immer, ohne Wenn und Aber, egal was während des Tages passiert ist!

Deine Rebecca

1.

Willkommen zu Hause

„Ich bin ganz still und geborgen,
so wie ein Kind bei seiner Mutter.
Ja, wie ein Kind, so ist meine Seele in mir."
(Psalm 131,2; NLB)

RUHE – MEIN HAUS AM MEER

In meiner ersten Geschichte geht es um eine Reise. Eine imaginäre Reise, auf die ich immer wieder gerne gehe, um zur Ruhe zu kommen, wenn alles um mich herum zu stürmisch ist. Ich lade dich ein, mit mir ans Meer zu kommen und dort einfach tief ein- und auszuatmen. Komm mit und besuche mein imaginäres weißes Haus am Meer. Greife in deine eigenen Erinnerungen, in deine eigenen Träume, und genieße die Ruhe, die sich in dir breitmacht, wenn du mit deinen Gedanken ein bisschen auf die Reise gehst. Ich lade dich nicht nur ein, mir zu folgen, sondern auch deine eigene Landschaft zu erfinden. Einen Ort, an dem du dich wohlfühlst. Einen Ort, wo du Schicht für Schicht die Sorgen, den

Stress, die Gedanken und die Ängste ablegen kannst. Mein Haus ist am Meer, weil ich die belgische Küste unglaublich liebe, aber vielleicht magst du viel lieber die Berge, den Wald, New York oder einfach das Bauerndorf deiner Großeltern. Du entscheidest selbst. Eigentlich kannst du mit deinen Vorstellungskräften überall hingehen, wohin du möchtest. Also auch dahin, wo du zur Ruhe kommst. Wo du dich angenommen fühlst, in Sicherheit. Dahin, wo du besser einschlafen kannst. Aber genug der Rede, komm doch mit! Ich lade dich ein in mein weißes Haus am Meer.

Nur noch eine Kurve fahren und ich bin da! Ich kann es schon riechen: das Meer. Salz und Wasser mischen sich in der Luft und meine Lungen wollen noch mehr davon. Noch einmal riechen. Noch einmal atmen. Und dann ankommen. Die Räder meines Autos knirschen auf den Kieselsteinen vor dem Garagentor. Ich bremse. Das Auto steht still: Ich bin da! Endlich!

Ich kann es kaum erwarten, die Sneakers auszuziehen und meine nackten Füße auf Entdeckungstour zu schicken. Alles kribbelt in mir. Ich bin aufgeregt. Ich steige aus dem Auto aus, mache die Augen zu und atme noch einmal tief ein. So riecht wahrscheinlich Glück. Die paar Meter bis zur Tür schaffe ich automatisch. Links berührt meine Hand die hohen, stacheligen Gräser. Rechts spiele ich mit meinem Schlüssel. Mein Herz hüpft dabei.

Ich bin da! Endlich! Wieder ganz bei mir, in meinem weißen Haus am Meer. Kein Straßenschild ist nötig, kein Navi, keine Hausnummer. Ich kenne den Weg auswendig, in meinem Herzen, mit meinem Herzen. Ein einziges Schild steht neben der alten Tür: „Becky's Place". Mein Ort. Komm doch rein!

Ich öffne die Tür und sogleich tanzen in meiner Nase die Gerüche des Lebens hier: alte Bücher, Apfelkuchen und Lavendelseife. Mein Herz geht auf. Am Eingang lege ich die große Tasche mit meinen Sorgen ab. Hier werde ich sie nicht brauchen. Hier komme ich zur Ruhe. Hier atme ich tief ein und aus. Hier bin ich zu Hause und lasse meine Seele wandern, bis sie sich wieder gefunden hat.

Ich habe Zeit. Es ist friedlich. Ich bin da, für mich. Nur für mich.

Endlich ziehe ich meine Schuhe aus. Meine Füße berühren die kalten blau-weißen Fliesen. Ich schaue mich glücklich um. Rechts ist die alte Treppe. Jede Stufe ist in der Mitte nur noch hellbraun, weil wir über die Jahre so oft hoch- und runtergeflitzt sind. Links die Küche. Ich gehe rein. In der Luft schwebt der einzigartige Geruch von Hagebuttentee und frisch gebackenem Brot. Ich schnappe mir ein großes Glas aus dem Schrank und trinke einfach Wasser, bis mein Durst endlich gestillt ist. Ich kann es nicht erwarten, in eine dicke Scheibe Brot mit Butter und Erdbeermarmelade zu beißen. Aber vorher will ich das Meer sehen.

Im Wohnzimmer sind die Vorhänge noch zu. Ich schiebe den schweren Stoff zur Seite, in der freudigen Erwartung, das Meer zu sehen. Und da ist es: Es grüßt mich mit seinen schönsten Farben. Es ist wie eine gute Freundin, die man so gern wiedersieht. Ich öffne die Terrassentür so weit es geht und atme tief ein in dieser wunderbaren Luft. Ich spüre die Brise, die mich umarmt. Ich atme tief ein und ganz langsam aus. Ich schließe meine Augen. Ich muss grinsen. Die Verspannung, die mich seit Tagen plagte, ist verschwunden. Mein Nacken entspannt sich. Mein Kiefer wird locker. Es riecht nach Meer. Es riecht nach Freiheit und Leichtigkeit. Ich höre die Wellen rauschen, Kinder, die lachen, Vögel, die rufen. Und ich? Ich fühle mich angekommen.

Zu Hause.

Ich kann es nicht abwarten. Ich möchte den Sand und das Wasser spüren. Ich schnappe mir ein Handtuch, das noch auf dem Wäscheständer liegt, und renne fast die paar Treppen hinunter bis zum Strand. Ein paar Schritte noch und ich falle auf die Knie. Ich grabe mit beiden Händen in dem warmen Sand und lasse die Körner zwischen meinen Fingern zerrinnen. Das tut so gut. Es gibt so viel in meinem Leben, das wie dieser Sand ist. So viel, das ich nicht greifen, nicht begreifen kann. So vieles lässt mich wie sprachlos, hilflos, klein sein. Ein bisschen „lost". Den Sand kann ich nicht festhalten. Sobald meine Hände geschlossen sind, rinnen die Sandkörner weiter, und ich lasse sie weiterziehen. Ich lasse los und atme tief ein.

Dann hebe ich den Blick und schaue auf das Meer. Es ist so groß. So stark und doch ganz nah, treu in seinem Rhythmus: Ebbe und Flut. Es hält ein Versprechen: Morgen wird es wieder da sein. Ich kann es fast hören. Vielleicht ist der Klang der Wellen Gottes Stimme? Wie der Wind, der mein

Gesicht berührt. Mal sanft, mal kräftig. Wenn es so ist, dann bin ich mir sicher. Er sagt mir: „Ich bin da. Ich verlasse dich nicht. Du bist bei mir."

Zu Hause.

Ich atme und spüre Frieden in mir. Ich stehe auf. Renne ins Wasser. Kreische laut und lache, als die erste Welle mich umspült. Sie ist frisch und lebendig: ein bisschen so wie ich. Ich schwimme noch eine Weile. Ich lasse mich vom Meer tragen. Ich spiele mit den Wellen. Hier kann ich sein. Hier bin ich für mich.

Als die Sonne langsam untergeht, ist es auch für mich Zeit, aus dem Wasser zu kommen. Ich packe mich so gut ich kann in das alte Handtuch. Weich ist es nicht, aber das macht nichts. Meine Haut prickelt ein bisschen, aber ich fühle mich so lebendig. Ich will nichts verpassen von den Farben am Himmel. Rot, Gelb, Orange, Blau und Rosa verweben sich vor meinen Augen. Ich kann nur staunen und dem Meister gratulieren. Es ist das allerschönste Kunstwerk. Ich verpasse keinen Augenblick davon und nehme dieses Geschenk dankbar an.

Wenn die rote Kugel ganz im Wasser verschwunden ist, fröstle ich ein bisschen. Zeit, wieder ins Haus zu gehen. Langsam nehme ich die paar Stufen, die mich davon trennen. Auf der Terrasse putze ich den Sand von meinen Füßen ab. Ich trete ins Wohnzimmer, mache ein paar Kerzen an und atme die heimelige Atmosphäre ein. Mit den Fingerspitzen spiele ich ein paar Noten auf dem Klavier und lege mich dann hin, direkt auf dem kuscheligen Teppichboden, so nah ans

Fenster, dass ich draußen noch die Lichter der Schiffe beobachten kann. Meine Haare sind noch ein bisschen nass und bald werde ich eine warme Dusche brauchen. Aber erst einmal werde ich ganz still.

Zu Hause. Ich bin müde. Ich bin ruhig. Ich bin glücklich. Eigentlich habe ich Hunger, aber meine Seele ist heute Abend satt. Ernährt von dem, was schön ist, was sich nach Heimat anfühlt, was bunte Farben und sanfte Klänge hat. Wie ein Kind liege ich da und höre auf das Meer. Es singt ein Lied. Es flüstert mir dasselbe Wort zu: „Ich bin da. Ich verlasse dich nicht. Du bist bei mir."

„Von allen Seiten umgibst du mich
und hältst deine schützende Hand über mir."
(Psalm 139,5; HfA)

BARFUß IM LEBEN

„Es hatte sich feuerrote Backen erschlafen unter seiner
schweren Decke, und ruhig und friedlich lag es auf seinem
runden Ärmchen und träumte von etwas Erfreulichem,
denn sein Gesichtchen sah ganz wohlgemut aus.“
(Heidi, Johanna Spyri)

Ich lege mein Buch auf die Seite, mache die Augen zu, denke
an die Berge, die Weiden. An den Urlaub, den ich damals
als Kind dort verbracht hatte. Ich höre die Glocken, die ihr
Lied singen, dicke bronzene Glocken, die den Rhythmus der
Schritte und Bewegungen der Tiere begleiten. Ich mag die
Kühe in ihren Samtkleidern mit ihren tiefen dunklen Augen.
Der Himmel, blau, so weit das Auge reicht, und dieses Grün,
überall um mich herum. Unterwegs in der Schweiz war mein
Kinderherz daheim, frei. Ich sammelte Blumen auf dem Weg,
flocht mir damit eine Krone und malte mir aus, wie es wohl
wäre, wie Heidi zu leben.

Heute Abend lasse ich meine Gedanken wieder auf der
Alm wandern. Hin zu der Hütte, unter dem Dach, wo Heidi
tief und fest eingeschlafen ist. In ihrem neuen Bett aus Heu
und dicken Leinentüchern, bei ihrem Öhi.

Endlich befreit von all diesen Kleidern, die sie den ganzen
Tag tragen musste. Alle diese Schichten Stoff, die sie ein-

engten, die ihr viel zu warm waren und, ja, irgendwie auch fremd! Eine Art Kerker für ein Kind, das liebend gerne barfuß über die Weiden hüpfen wollte.

Was für ein Tag es wohl gewesen war!
Wie hatte sich Heidi wohl gefühlt,
als Dete am frühen Morgen
das Kind Schicht für Schicht
in diese ganzen Kleider eingepackt hatte?

Eingeklemmt, unbeweglich,
viel zu warm, ungemütlich,
nicht sie selbst!

Dann hatte sie den Geißenpeter getroffen.
Er sprang barfuß und frei
von Felsen zu Felsen, von Ziege zu Ziege.
Er war so schnell, so gelenkig,
so wollte sie auch sein.

Befreit von allem, was sie aufhielt.
Befreit von all dem Stoff, der sie hinderte,
frei zu sein, sie selbst zu sein.

Also zog Heidi ihre Kleider aus.
Eins nach dem anderen, bis sie nur noch
ein luftiges Hemdchen trug, barfuß!
Sie folgte dem Peter mit Leichtigkeit und Freude

und ließ hinter sich ein rotes Bündel am Wegesrand liegen.
Endlich war es nicht mehr eng,
endlich konnte sie springen
und endlich war sie leicht, frei, sie selbst zu sein.

An diesem Abend fand sie Schlaf oben unterm Dach
in einem Bett aus Heu und dicken Leinentüchern.
Der Mond leuchtete in ihr glückliches Gesicht:
fröhlich, friedlich, ganz gemütlich,
und als der Sturm ausbrach, kümmerte es sie nicht.

Heidi lag in Sicherheit
ganz bei sich, so wie sie war!
Zurück zu Freiheit, Glück und Frieden
auf grünen Auen am frischen Wasser.

Heute Abend denke ich:
Und was ist mit mir, mit dir?
Wie wäre es denn, wenn wir
so wie die kleine Heidi,
uns befreien würden von den vielen Schichten,
den vielen Masken und Lasten,
die wir schon viel zu lange tragen?

Wie wäre es, wenn wir
diesen Ballast endlich loslassen,
loswerden,
widersprechen,

all das, was uns so einengt,
all das, was wir glauben, sein zu müssen,
und zurück zu uns selbst finden?

Die Seele, barfuß unterwegs
befreit, gelenkig, endlich leichter,
raus aus dem Kerker,
raus aus diesen Rastern, in die wir sowieso nicht passen,
weg mit den Etiketten,
mit dem schönen Schein, der uns erdrückt.
Wieder ein kleines Kind sein,
ein kleines Schaf
in seiner Herde ...
Er, der nicht müde wird und nicht einschläft.
Er, der immer auf uns achtgibt.
Er, der treu über unseren Schlaf wacht.
Er, der unser guter Hirte ist.
Und wenn wir am Abend dann einschlafen
in Ruhe
in einem Bett aus Heu und Liebe
fühlen wir uns endlich daheim.

„Der HERR ist mein Hirte, ich habe alles, was ich
brauche. Er lässt mich in grünen Tälern ausruhen, er führt
mich zum frischen Wasser. Er gibt mir Kraft. Er zeigt mir
den richtigen Weg um seines Namens willen."
(Psalm 23,1–3; NLB)

LEICHTIGKEIT –
„MAMA, KOMM DOCH INS WASSER"

Ferien? Ferien! Schon schön und gut! Aber wann? Wann habe ich endlich frei? Wann bin ich an der Reihe? Und wenn ich dann mal Urlaub habe, gruselt es mich, wenn ich daran denke, dass mich anschließend zu Hause alle fragen werden, ob ich gut erholt bin. Erholt? Und wie sollte das bitte gehen? Am Meer mit 3 Kindern zwischen 4 und 10: Ich bin nur am Rennen, Planen und Organisieren! Entspannen? Seien wir ehrlich! Nein, das kann ich nicht. Der Kleine hat die erste Nacht damit verbracht, zu weinen und nach seinem Zuhause zu rufen. Die Großen sind gleich mit ihren sauberen Kleidern ins Wasser gegangen und hier in der Ferienwohnung funktioniert die Spülmaschine nicht. Urlaub? Das gibt es für mich wohl nicht, nur für die anderen: Voll reingelegt! Mein Alltag ist einfach nur mitgewandert. Das Gleiche, aber woanders. In meinem Kopf schwirren ununterbrochen Listen und Fragen: so viele Sachen, an die ich denken muss.

Haben wir Snacks dabei? Sind alle Trinkflaschen ausgespült und gefüllt? Wo ist diese Brotdose versteckt? (Hoffentlich finde ich sie, bevor der Inhalt lebendig wird!) Haben wir die Sonnencreme mitgenommen? Mensch, wo ist noch mal unser größtes Strandtuch? (Hoffentlich ist es auch endlich trocken!) Und die Liste hört nie auf. Sie wird jeden Tag länger.

Es nimmt kein Ende und sobald ich mich mal fünf Minuten hinsetze, höre ich von Weitem: „Mama, wo ist mein Badeanzug? Mama, spielst du Ball mit uns? Mama, ich habe Hunger! Mama, mein Brot ist in den Sand gefallen. Mama, kommst du ins Wasser? Mama, ich muss aufs Klo! Mama, Mama, Mama!"

Von den drei Büchern, die ich im Urlaub lesen wollte, habe ich bis jetzt nur das Titelbild gesehen und mindestens fünfmal die erste Seite gelesen. Hätte ich ja auch ahnen können. Immer wieder werde ich unterbrochen und wenn ich endlich abends ins Bett falle, wenn alles gespült ist, wenn alle Kleidungsstücke endlich vom Sand befreit sind, wenn die Badehosen trocknen und ich auch noch geduscht habe, dann habe ich keine Kraft mehr zu lesen. Meine Augen fallen von allein zu. Ich bin dann zu müde. Müde von der Sonne, dem Wind und dem Sand ... müde von Fragen, Aufgaben und Alltag. Es ist, als ob mir meine ganze Lebensenergie geraubt würde. Als ob ich unter der Last des Alltags zerquetscht würde. Ich brauche Luft! Ich wäre so gern wieder leichter, wieder ein Kind. Und je mehr ich daran denke, desto schwerer scheint mir alles zu sein.

Ich beobachte die Möwen am Strand und sehe, wie kraftvoll sie fliegen, wie mühelos sie sich am Himmel bewegen, wie frei sie sind. Sie am Himmel, ich auf der Erde und es scheint mir, dass die Leichtigkeit meines Lebens längst verschwunden ist, versteckt tief im Wäschekorb zwischen den Erwartungen, die ich mir selbst setze, zwischen meinen Selbstzweifeln, meinem Jammern, meiner Alltagslast, meinem ernsten Erwachsensein. Wie mit einem Einkaufswagen, dessen Räder feststecken, probiere ich vorwärtszukommen. Aber es ist alles so mühsam. Und wenn ich endlich mit Schwung eine Sache angehe, stoße ich gegen die Realität. Zack! Stopp! Ein Kind ist krank. Oder die Zeit fehlt mir, der neue Chef ist unerträglich, die Nächte sind zu schlecht, ich bin zu müde.

Also, nein, ich fühle mich nicht wie im Urlaub. Ich bin eine Möwe, die nicht mehr weiß, wie man mit dem Wind gleitet. Eine Möwe, deren Flügel ihr nicht mehr gefallen, weil alle anderen Möwen so viel besser sind. Ich bin eine Meckermöwe und ich finde, dass Urlaub alles ist, außer Entspannung. Und wenn wir schon dabei sind, fühle ich mich auch gar nicht zu Hause bei mir. Ich erkenne mich nicht mehr. So wie eine müde Kriegerin hängen Kopf und Arme nach unten. Wer bin ich denn geworden und ist das wirklich mein Leben? Mein Leben?

Am Strand fragen die Kinder immer wieder, ob ich erzählen könnte, wie es war, als ich mit meinen Eltern die Ferien am Meer verbracht habe. Sie suchen etwas in mir. Unbewusst wollen sie das Kind in mir rauskitzeln, es lachen hören, seine Augen strahlen sehen. Und wenn die drei ins Wasser springen, rufen sie: „Mama, komm doch ins Wasser! Es ist ganz warm!" Ich denke nach. Die Erinnerungen sind noch so lebendig, aber alles scheint so weit weg von mir.

Ist es noch da, dieses Mädchen, das sich so auf den Urlaub am Meer gefreut hat?

Bekommt sie eigentlich genügend Luft?

Darf sie noch lachen und springen und tanzen, als ob die Welt ihr egal wäre, als ob es niemals einen Wäschekorb gegeben hätte?

Und darf sie frei fliegen, als ob sie eine fröhliche Möwe wäre?

Die Kinder fragen neugierig: „Hast du damals auch Pommes am Meer gegessen? Sind die auch in den Sand gefallen? Warst du gern im Wasser? Hast du Quallen gesehen? Hast du mit Opa Sandburgen gebaut? Gab es schon Kiesel am Strand? Hast du Muscheln gesammelt? Hast du mit den anderen am Strand Volleyball gespielt?" So viele Fragen! So viele Momente, die ich mir in meinem Kopf in bunten Farben ausmale. Mir wird es fast schwindelig bei all diesem Erzählen. Und dabei macht sich ein Gedanke auf den Weg von meinem Herzen direkt in meinen Kopf: Wo bin ich denn geblieben? Wo ist das Kind von damals? Gibt es das noch?

Als ich am Abend endlich im Bett liege, frage ich mich: „Wann ist meine Kinderseele verloren gegangen? Werde ich jemals wieder Leichtigkeit erleben? Werde ich dem Käfig in meinem Kopf entkommen können? Werde ich endlich wieder Sonne, Sand und Meer wirklich spüren und genießen? Das alles ist doch mein Leben. Es ist meine Zeit, meine Familie, mein Urlaub! Ich will es doch anders erleben! Ich habe die Last satt, die mir auf den Schultern liegt. Ich möchte doch wie eine Möwe fliegen, lachen und frech sein." Ich schließe die Augen und flehe Gott um Hilfe an. Bei ihm lege ich meine Sorgen ab – meine Last, meinen Unmut, mein Jammern, meinen Drang, immer perfekt zu sein, meine Trauer, nicht mehr dieselbe zu sein wie früher, mein Selbstmitleid, weil ich nicht alles schaffe. Ich bete zu Gott. Ich bitte ihn, mir wieder Leichtigkeit zu schenken. Ich flüstere: „Es steht geschrieben: ‚Wirf all deine Last auf den Herrn! Er wird dich sicher halten.‘ Ich rechne mit dir, Gott! Darf ich wieder Kind sein?"

Ich mache die Augen zu und denke nach. Wie wäre es, wenn ich wieder im Sand spielen würde? Wenn ich mit den Steinen am Strand einen Turm bauen würde? Wenn ich wieder Ball spiele? Wie wäre es, wenn ich wieder ins Wasser gehen würde, egal, wie ich in meinem Badeanzug aussehe, egal, wie meine Frisur danach sein wird. Wie wäre es, wenn ich die Sorgen um die Zukunft und meine To-do-Liste gegen den Geschmack des Hier und Jetzt eintauschen würde? Wie wäre es, wenn meine Gedanken nicht immer parallel an einem anderen Ort wären, wenn ich nicht ständig daran denken würde, was ich nicht habe und nicht bin, und einfach mal frei ins Wasser springen würde? Wie wäre es, wenn ich probieren würde, mit ganzem Herzen meinen Alltag zu leben. Seinen einzigartigen Geschmack zu entdecken, meinen eigenen Stil wiederzufinden, meinen Rhythmus, meine eigene Art wieder ans Licht zu bringen? Und wie wäre es, wenn ich es glauben würde – endlich glauben würde: Genau dort, wo ich bin und wie ich bin, bin ich richtig und wichtig, egal, wie unvollkommen ich bin, und unabhängig von dem, was ich alles schaffe oder nicht schaffe.

An diesem Abend beschließe ich, dass es reicht. Dass ich ab jetzt anders leben möchte. Dass ich die Diktatur in meinem Kopf satthabe! Dass ich das nicht mehr will! Weil das

Streben nach Perfektion und das Hamsterrad des Aktivismus mich nur leer und bitter zurücklassen.

Er liegt da, in meiner Hand: der Schlüssel zu meiner Leichtigkeit. Und es ist höchste Zeit, die Prioritäten zu ändern, das Jammern in Danken zu verwandeln. Denn diesen Urlaub, mit diesen Kindern, in diesem Alter, an diesem Ort, wird es nur einmal geben. Ich weiß nicht einmal, wie Urlaub wirklich schmeckt, wie es sich anfühlen kann, Urlaub einfach zu genießen. Was wäre, wenn Mama einfach auch mal ins Wasser springt?

Aus Rennen wird Laufen, Schritt für Schritt.

Langsam, staunend folge ich meinem Herzen.

Unvollkommen. Frei.

Weil ich nicht alles machen muss. Weil ich auch mal langsam gehen darf. Weil der Moment schon flüchtig genug ist.

Das Verzweifeln an mir selbst wird zur Entdeckungsreise. Wo bin ich? Was will ich, tief in mir? Was brauche ich? Wer kann mir helfen? Wie geht es mir? Ist es nicht schön hier?

Und so werden die unausgesprochenen Vorwürfe zum echten Dialog. Ich sage, was ich brauche, klar und deutlich, ohne unterschwellige Vorwürfe.

Die Abende werden zum Kooperationsspiel. Jeder macht mit, tut, was er kann.

Und wenn die Kinder mir zurufen „Mama, komm doch ins Wasser!", dann gehe ich endlich auch und lache und spiele und liebe diesen Moment ganz. Er schmeckt nach Sonne, Salz, Meer und Freiheit.

Dieser Tag wurde anders, dieser Urlaub auch.

Am letzten Abend, als ich dann mit Felix das Geschirr spüle, sagt er: „Das Meer war heute wieder so genial, gell, Mama? Und die Wellen – der Hammer!" Ich trockne noch die letzten Teller ab und bestätige es zufrieden. Ich sehe mich über das Wasser springen als kleines Kind, in die Wellen tauchen als Teenager und heute im Meer schwimmen, umgeben von meinen eigenen Kindern, lachend, kreischend, weil das Wasser doch ziemlich kalt ist. Die Bilder vermischen sich vor meinen Augen. Ich bin doch alles gleichzeitig. Ich darf es auch sein: Mutter, Jugendliche, Kind. Ich bin ich und ich fühle mich endlich wieder zu Hause.

Dann höre ich Mayas Stimme. Sie singt in ihre Haarbürste, die sie wie ein Mikrofon hält: „Es war der schönste Urlaub meines Lebens! Mega genial, einfach spitze!" Sie schleicht sich neben mich, hält ihr Mikrofon vor meinen Mund und sagt: „Was sagen Sie dazu, Frau Mama?" Ich wiederhole ihre Worte: „Mega genial, einfach spitze!"

Diese Ferien waren gar nicht erholsam, oder doch? Klar, ich kam müde nach Hause zurück, aber beschenkt mit einem Herzen voller Freude, einem Herz, das endlich wieder leichter war, friedlicher. Einem Herzen, das mir am Abend zuflüsterte: „Willkommen zu Hause! Schlaf gut! Morgen ist ein neuer Tag!" Ein Augenzwinkern von mir zu mir, ein Dankeschön von dem Kind, das ich einmal war, zu dem, das ich doch noch bin.

EIN SEGEN VON EINER MAMA

von Valerie Lill

ES IST GUT

Du zitterst im Wind,
zaghaft, zaudernd hältst du sie fest
und den Atem an.
Und jede Böe, die weht, nennst du Anfechtung.
Und wenn der Wind sich dreht, treibt die Angst dich um.
Es ist gut. Was du tust, ist genug, mein Kind!
Lass sie los und ich trage sie mit dem Wind.
Pusteblumen und Kinder sind zum Fliegen gemacht,
zur Freiheit berufen, ich geb auf sie acht.
Ich bin Gott, meine Arme sind meilenweit.
Ich höre, wenn eins meiner Kinder schreit.
Ich bin Gott, mein Segen ist über dir
und über den Deinen, vertraue mir.
Du flatterst im Wind,
fragend, frierend fasst du zu fest
und dann endlich Mut.
Und jede Hoffnung, die keimt, findet neues Vertraun.
Und wenn die Sonne erscheint,
schwindet das Sorgengraun.
Es ist gut, deine Liebe ist mehr als genug.

Setz ihn frei, deinen Mama-Löwenzahn-Mut!
Pusteblumen und Kinder sind zum Freisein gemacht,
und Mütter zum Lieben. Und das kannst du gut!
Ich bin Gott, meine Arme sind offen für dich,
zu segnen, zu trösten, dafür kämpfe ich.
Ich bin Gott, dein himmlischer Rückenwind.
Mein Segen beschützt auch dein kostbares Kind.

2. Zuflucht suchen

„Ich will mich in Frieden hinlegen und schlafen,
denn du allein, HERR, gibst mir Geborgenheit."
(Psalm 4,9; NLB)

GEBORGENHEIT –
DIE SCHÖNSTE UMARMUNG

„Am Ende der Suche und der Frage nach Gott steht keine
Antwort, sondern eine Umarmung."
(Dorothee Sölle[1])

Es war ein schöner Herbsttag. Einer von denen, die ich besonders mag. Mit Regen, der im Rhythmus gegen die Fensterscheibe prasselte, und einer Kerze auf der Fensterbank, die meine Küche ein bisschen gemütlicher machte. Die Spülmaschine war ausgeräumt und mein Kaffee war gerade frisch gemacht. Dankbar lauschte ich dem fröhli-

---

[1] Renate Wind, „Dorothee Sölle – Rebellin und Mystikerin: Die Biografie"
© 2008 Kreuz Verlag

chen Geplapper meiner Töchter und ihrer besten Freundin. Sie sprühten heute nur so von Ideen und verstanden sich blendend. Bis …

Bis Emma in die Küche platzte, weinend, das Gesicht verzerrt vor Traurigkeit und Wut. „Da ist etwas mächtig schiefgelaufen", dachte ich. Ich fragte nicht. Ich nahm Emma auf meinen Schoß. Ich legte meine Arme fest um sie und wartete. Wartete, bis sie bereit war zu erzählen. Ich atmete tief, ganz ruhig. Es gab nichts Wichtigeres zu tun, nichts Dringenderes, als hier zu sein, Emmas Verzweiflung auszuhalten und sie zu halten, festzuhalten.

„Mamaaaaaaaaaaaaaaaaaa", sagte sie endlich zwischen zwei lauten Schluchzern. „Mama, die anderen, die wollen später ein Hotel führen und dort leben und …" Sie brauchte ein bisschen Zeit, um den Rest ihres Satzes zu sagen. Ihre Gefühle waren so stark, so wild. „Und sie, und sie wollen nicht, dass ich mitmache." Die Tränen flossen wieder ohne Unterbrechung. Ein elender Schmerz, den ich nicht wirklich verstand … zu dem ich nichts sagen konnte. Sollte ich sagen „Das wird schon" oder „Die machen es sowieso nicht" oder „Dann kauf du dir noch ein größeres Hotel und zeige den beiden, wie man es richtig macht"? Nein! Sicher nicht! Innerlich schimpfte ich ein bisschen: „Was bringt es, Psychologie zu studieren, wenn man doch nicht lernt, ein Kind zu trösten, wenn die große Schwester und die beste Freundin später ein Hotel führen wollen und keinen Platz für die Jüngste lassen?" Kein Unterricht hatte mich darauf vorbereitet und kein Buch hatte die perfekte Antwort. Es kam mir nur ein „Ohhhhhh,

Emma" über die Lippen. Ich war sprachlos. „Ohhhh meine Emma, das ist schlimm, gell? Das tut mir aber leid." Und darauf kamen noch mehr Tränen und ein „Jaaaaaaaaaaaaaaaaaaa".
Ich küsste sie auf die Stirn, schaukelte sie ein bisschen hin und her. Ich hielt sie fest, geborgen in meinen Armen, ich summte ein bisschen. Es gab nur sie und mich in der Küche. Der Regen prasselte. Die Kerzenflamme flackerte. Ich wusste nur eins: Es war richtig, da zu sein, einen sicheren Ort zu bieten, ihr meine ganze Aufmerksamkeit zu schenken. Peu à peu wurden die Tränen weniger. Emma seufzte ein bisschen und ich spürte, wie sie sich entspannte. Und dann, auf einen Schlag, ohne jegliche Vorwarnung, sprang Emma von meinem Schoß und sagte fröhlich: „Ich gehe wieder spielen, Mama." „Oh, oh, ja, klar, schön." Ich staunte nicht schlecht, ich hatte doch nichts Besonderes gesagt, keine Lösung gefunden, keinen neuen Plan vorgeschlagen. Trotzdem schien die Welt wieder in Ordnung zu sein. Ich trank meinen Kaffee aus. Er war jetzt kalt, das störte mich aber nicht. Ich war völlig in meine Gedanken vertieft. Ich hatte nur meine Arme geöffnet, mein Herz, meine Ohren und Emma hatte darin einen Platz gefunden. Einen Platz für ihre Sorgen, Tränen und Wut. Nicht die wenigen Worte, die ich gesagt hatte, haben ihr geholfen. Nein, es war der Ort, den ich ihr geschenkt hatte. Ein sicherer Ort, ein Ort, wo sie geliebt wurde, mit allem, was sie mitbrachte, mit allem, was in ihr zerbrochen war. Emma hatte keine Lösungen gesucht, keine Worte, die ihren Kummer und ihre Sorgen wegwischen. Sie hatte nur einen Ort gebraucht, um zu fühlen, um gehalten zu werden.

Arme, die sie festhielten, als alles in ihr am Toben war. Liebe, die ihr zuflüsterte: „Du darfst hier sein, ich halte dich fest, ich bin bei dir."

„Und ich", dachte ich, „habe ich auch so einen Ort, wo ich hinrennen darf, wo ich willkommen bin, wo ich alles sagen darf?" Auf dem Schoß meines Opas. Ja, ich erinnerte mich an die Zeit, die ich als Kind auf dem Schoß meines Opas verbracht habe. Und fast konnte ich seine Liebe für mich wieder spüren. Ich machte die Augen zu und lächelte ein bisschen. Auf seinem Schoß gab es immer einen Platz für mich. Ich kletterte auf seine Knie und schmiegte mich in seine Arme. Meinen Kopf legte ich auf seine Brust. Da, genau da, war alles still.

Er war nie hektisch. Er hatte schon so viel erlebt, auch den Krieg hatte er überlebt. Er war immer noch da: weise, liebevoll, schweigsam und treu in seiner Art. Irgendwie war er gleichzeitig zerbrechlich und stark. Niemand musste sich vor ihm fürchten. Er war immer derselbe. Bei ihm gab es einen Platz für mich. Immer.

Wenn ich die Augen zumache, kann ich noch spüren, wie es sich auf seinem Schoß angefühlt hat. Meine Sinne erinnern sich: der Geruch seines Aftershaves, sein nach Kaffee riechender Atem, der sanfte Baumwollstoff seines alten Hemdes, die warme braune Cordhose, sein frisch rasiertes Gesicht, seine alte feine Haut mit ihren Falten.

Auf seinem Schoß durfte ich klein sein, egal wie alt und groß ich schon war: fröhlich, friedlich, ruhig. Ich durfte erzählen oder schweigen. Er selbst redete nur wenig. Aber auch wenn er mit Worten sparsam war, sagte seine Haltung doch alles. Ich las in seinen Augen, in seinem Lächeln, seinen Umarmungen: „Schön, dass du da bist. Schön, dass es dich gibt. Ich habe dich so lieb."

Ja, dort, bei meinem Opa, war ich immer willkommen. Genauso wie Emma mir alles erzählt hatte, konnte ich ihm alles sagen, was mich bewegte. Er hörte aufmerksam zu. Und er ermutigte mich. Auf seine Art zeigte er mir: „Ich gebe alles für dich. Ich bin auf deiner Seite und ich bin stolz auf dich." Manchmal denke ich, dass Gottes Stimme genauso klingen muss wie die meines Opas. „Komm zu mir. Ich liebe dich, mein Kind."

Klar ist mein Opa schon lange nicht mehr da, aber die Erinnerungen an diese Momente haben keine einzige Falte bekommen. Manchmal, wenn mir alles zu viel wird, wenn Gott mir zu weit weg scheint, wenn ich mich allein, traurig und wütend fühle, dann kann ich dorthin wieder zurückkehren und die Erinnerungen und Gefühle des Geborgenseins wieder aufrufen. Erinnerungen, die mich sanft wiegen, die wie eine alte Melodie klingen, die wie das schönste Schlaflied Ruhe vermitteln. Wie die sanfte Berührung auf unserer Haut, die uns daran erinnert, dass wir nicht alleine sind.

Ist es nicht wunderschön, diesen Ort direkt in meinem Herzen zu haben? Und so wie meine Emma mir gerade in die Arme gerannt ist, kann ich jederzeit in diese Erinnerungen hinein fliehen und mich darin einkuscheln. Und wenn ich daran denke, dann weiß ich: „Da werde ich immer zu Hause sein. Da gibt es keine Kämpfe, keine Zweifel. Da brauche ich keine Angst zu haben. Ich bin nur ein kleines Kind auf dem Schoß des besten Opas der Welt und sein Herz schlägt für mich." Und ich darf es mir selbst zusprechen, selbst für mich zu diesem Ort werden. Mich selbst annehmen, auf meiner Seite stehen, mir selbst sagen: „Ich bin da für dich."

Diese Gedanken begleiteten mich den Rest des Tages. Nicht nur einmal mussten meine Töchter sagen: „Mamaaaaaaaaaaaaa, du bist wieder voll am Träumen." Und als ich am Abend endlich in meinem Bett lag, spürte ich all diese Gedanken und Erinnerungen in meinem Herz. Ja, all die Liebe, die mein Opa mir gegeben hatte, war noch da. Sie ist ein Spiegel der Liebe Gottes zu mir. Und wenn der Alltag mir eine Ohrfeige nach der anderen zu geben scheint. Wenn meine Seele friert. Wenn ich immer mehr Fehler mache. Wenn meine Zweifel mir den Frieden rauben. Oder wenn ich mich selbst nicht mehr leiden kann. Dann kann ich ganz einfach in meinem Herzen diese Zuflucht finden: auf dem Schoß meines Opas. Dann lasse ich seine Worte, seine Stimme mir die Wahrheiten zusprechen, die ich hören muss: „Mein Mäuschen, schön, dass du da bist. Schön, dass es dich gibt. Komm mal her! Hier ist Platz für dich. Ich habe dich so lieb. Ich bin auf deiner Seite. Hier bist du geborgen, gehalten, in Sicherheit. Ich bleibe bei dir."

Und so wie meine Emma bei mir zur Ruhe kam, kann ich tief in meinem Herzen wieder spüren, dass ich gehalten bin, dass ich ausruhen darf. Ja, hier bin ich sicher, geliebt, hier gehöre ich hin: angenommen und geborgen.

Und wenn meine eigenen Worte zu kurz kommen, wenn meine Gedanken zu trüb sind, wenn die Sätze sich leer anfühlen und sogar meine Erinnerungen an den Schoß meines Opas nichts mehr bringen, dann darf ich zu Gott rennen. Bei ihm Zuflucht suchen. Unter seinen Flügeln Geborgenheit finden und auf seine Worte hören.

„Er wird dich mit seinen Flügeln bedecken,
und du findest bei ihm Zuflucht.
Seine Treue schützt dich wie ein großer Schild."
(Psalm 91,4; NLB)

„ER SORGT FÜR DICH"

Du brauchst nicht immer stark sein.
Und du musst nicht alles tragen.
Du darfst einfach du sein: klein, zerbrechlich und besorgt,
und wenn die Dunkelheit dich zu Verschlingen droht,
dann
darfst du einen sicheren Ort finden,
darfst nach Hilfe rufen,
darfst toben und fragen,
darfst auseinanderfallen,
darfst einfach du sein,
weil du aufgefangen wirst, getragen und getröstet,
weil du unendlich geliebt bist,
und so hoch der Himmel,
so tief das Meer,
wirst du nie alleine sein:
Geborgen und gehalten in der Liebe, die alles schafft,
und in diese Arme
darfst du weinen,
darfst schimpfen und wütend sein,
darfst alles sagen.
Und da, inmitten aller Fragen, Sorgen
und endlosen Bemühungen,
da gibt es Trost,
Ruhe,

ein Zuhause,
in der Liebe, die dich trägt,
in der Liebe, die dich umfasst und nie loslässt –
genau so, wie du bist,
für immer und ewig
auf dem Schoß eines Opas,
einer Mutter,
eines himmlischen Vaters,
der für immer bei dir ist.
Und sei gewiss:
Er sorgt für dich.
(nach 1. Petrus 5,7)

SICHERHEIT – EIN SCHLAFLIED FÜR EIN ÄNGSTLICHES KIND

Ein letzter Kuss, ein schnelles „Gute Nacht mein Schatz", und das Licht geht aus.

Ich atme tief ein und aus. Meine Augen gehen fast von alleine zu. Ich bin so müde. Es dauert nur Minuten und mein Mann fällt in einen tiefen, seligen Schlaf. Ich denke: „Wie unfair!" Ich brauche immer länger, um zur Ruhe zu kommen. Es ist, wie wenn mein Gehirn sich auf einen Schlag zu Wort melden würde. „Hallo, ich bin da. Ich hätte da noch ein paar Fragen und Anmerkungen." Als ob mein Kopf es wichtig fände, alle Probleme der Welt noch mal durchzukauen, bevor ich in einen wohlverdienten Schlaf falle. Na super! Ich möchte nur schlafen und mir nicht einen inneren Notizzettel machen müssen, auf dem steht: „Schwimmkurs für Lily finden: dringend". Und, nein, ich kann nicht friedlich einschlafen, nicht, wenn mein Gehirn ein Lied summt, in dem es um Klimakrisen oder internationale diplomatische Fragen geht. Nicht zwischen 23 Uhr und 23.30 Uhr.

Ich drehe mich noch einmal um. Einschlafen ist so eine Sache. Je mehr du dich darum bemühst, desto schwieriger wird es. Aber egal, ausruhen ist ausruhen … Irgendwie hilft es auch, einfach nur ruhig im Bett zu liegen, denke ich immer wieder. Als ich die Augen wieder schließe, höre ich, wie sich leise etwas im Flur bewegt. Kleine rhythmische Schritte, kleine kalte Füße auf dem Boden unseres Zimmers, bis Lily neben meinem Bett steht. Ich hebe eine Ecke meiner Bettdecke hoch und flüstere: „Komm, was ist denn los?"

Ihre Stimme zittert und wie ein Seufzen flüstert sie ein weinerliches „Ich habe Angst".

„Oh Lily." Ich verstehe sie so gut. „Erzähl."

„Es ist … es ist, Mama, es ist der Wind draußen, der Schatten vom Kleiderschrank in meinem Zimmer, es sieht so komisch aus und, und, und in meinem Traum hat Frau Müller mir gesagt, dass meine Klassenarbeit das Schlimmste war, was sie jemals korrigiert hat und dass ich nie in die vierte Klasse versetzt werde."

„Oje meine Kleine, das ist aber wirklich alles gruselig."

Der kleine Körper schmiegt sich an mich, ich wärme ihre Füße, so gut ich kann.

„Bleib eine Weile hier."

Mit meinen Händen streichle ich die Haare, die mir in der Nase kitzeln. Ich drücke einen Kuss auf die kleine Stirn voller Falten, voller Sorgen. Ich sage: „Ich bin da, ich bin da."

Etwas in mir sagt: „Ich auch, Lily, ich habe auch Angst. Ich kenne das so gut. Die Geräusche, die mich erschrecken, die Schatten, die in meinem Kopf so bedrohlich werden, die Gedanken, die mich am Boden zertrampeln: ‚Du schaffst es nie, du wirst es nie schaffen …' Wie ein in roten Großbuchstaben durch mein Leben geschriebenes UNGENÜGEND." Diese ganzen Gedanken behalte ich für mich und umarme meine Tochter noch einen Tick fester.

41

„Alles ist gut, mein Kind", flüstere ich leise, „du bist wunderbar, du bist hier ganz sicher, du bist so geliebt."

In meinen Armen entspannt sich das ängstliche Kind langsam. Die Worte, das sanfte Schaukeln, das Streicheln bringen Lily allmählich zur Ruhe.

„Aber Mama, ich habe Angst."

„Ja, ich weiß", flüstere ich leise. Ich kenne diese Angst, auch wenn die Schatten und Monster unter meinem Bett andere Namen tragen: Angst vor dem Krieg, vor Krankheit. Und das Schlimmste: die Angst zu versagen. „Ich bin da, du bist nicht allein, meine Kleine", sage ich leise und es ist, als würden die Worte nicht nur für sie gelten, sondern auch für mich.

Ich umarme sie ein bisschen fester, schließe meine Augen. Ich atme tiefer, langsamer, so laut, dass Lily es hört, wie Wellen am Strand.

Ich möchte ihr so gerne die Angst nehmen, ihre Kämpfe an ihrer Stelle kämpfen. Ich möchte sie von der Last befreien, die auf ihren kleinen Schultern liegt, diese kleine Seele, die schon so viel spürt und versteht. Ich möchte sie für immer in meinen Armen halten und sie schützen, vor allen und allem, vor Trauer und Schmerz. Dabei ist mir klar, dass es nicht geht. Ich kann nur bei ihr sein, auf ihrer Seite stehen, ihr ein bisschen Wind in die Segel pusten, sie festhalten und immer wieder loslassen und ihr mein Vertrauen schenken. Ich kann nur so wenig für sie tun. Aber es ist schon so viel.

Ich spüre, wie ihr Atem flacher wird, ruhiger. Sie zittert jetzt nicht mehr, sie fragt leise, ganz leise, so leise, dass ich näher kommen muss:

„Mama?" „Ja, mein Schatz."

„Hast du auch manchmal Albträume und Angst in der Nacht?" „Ja, Lily, ja."

Sie seufzt lang. „Und was machst du dann?"

Ich suche eine Weile nach einer Antwort. „Also, wenn es mir passiert, Lily, dann mache ich die Augen weit auf, ich schaue auf Papas Seite des Bettes und lausche seinem Atem (und manchmal auch seinem Schnarchen). Ich schnappe mir diesen alten kleinen Teddy hier, ich berühre sein sanftes Fell, manchmal ziehe ich meine Bettdecke zurecht. Ich denke an die Sterne, daran, wie viele es davon gibt, singe in meinem Kopf ein Lied und sage mir diese Worte: ‚Komm her, du bist nicht allein, ruhe dich aus, ich bin bei dir, du bist wundervoll, du bist geliebt.'"

„Das hast du mir ja auch gesagt, Mama."

„Ja, Lily, genauso ist es."

Alles wird still, bis Lily mich zwischen zwei Gähner fragt: „Singst du mir dein Lied?"

„Sicher, komm, ich bringe dich wieder in dein Bett."

Und im Zimmer von Lily singe ich sanft und leise das Lied, das auch mein Herz zur Ruhe bringt:

„Berge mich in deinem Arm.

Schütze mich mit deiner starken Hand."

Ich beobachte Lily, wie sie entspannt, in Sicherheit, endlich eingeschlafen ist. Noch einmal singe ich die letzten Worte des Liedes, für sie, für mich:

„Mein Herz wird still, denn du bist gut."

Ich lege meine Hand auf mein Herz und denke an den

Teil von mir, der auch oft ängstlich ist, nachts keine Ruhe findet und Zuflucht sucht. Ja, auch ich brauche diesen Trost, die Worte, das sanfte Wiegen und das kleine Nachtlied. Und ich danke Gott, dass er bei mir ist, auf meiner Seite, so wie ich es auch sein kann, und so lege ich mich wieder in mein weiches Bett und sage mir noch liebevoll: „Komm mal her, du bist nicht allein, du bist geliebt, ruh dich aus, ich bin an deiner Seite, ich bin sogar auf deiner Seite. Ich bin bei dir." Und leise flüstere ich Gott mein Gebet.

„Unter deinen Flügeln will ich Schutz suchen
wie in einem Versteck."
(Psalm 61,5; BB)

DER SEGEN MEINER OMA

von Brigitte Wälde

*Eingekuschelt in eine warme Decke, das Ticken der alten
Standuhr im Hintergrund, lausche ich auf die Stimme
meiner Oma, die das vertraute alte Lied singt.
Ruhe und Geborgenheit erfüllen den Raum.
Ein altes Lied, so aktuell in jeder Situation.*

*Befiehl du deine Wege
und was dein Herze kränkt
der allertreusten Pflege
des, der den Himmel lenkt:
Der Wolken, Luft und Winden
gibt Wege, Lauf und Bahn,
der wird auch Wege finden,
da dein Fuß gehen kann.*

Sei gesegnet mit dem Trost dessen,
» *der dich sieht,*
» *der allmächtig ist,*
» *der die Übersicht hat*
» *und der dir den rechten Weg zeigt.*

*Mit diesem Wissen kannst du getrost schlafen,
denn SEINE Liebe umhüllt dich.*

3. Trost finden

„Er heilt die Menschen, die innerlich
zerbrochen sind, und verbindet ihre Wunden.
Er hat die Zahl der Sterne festgelegt
und gab jedem einzelnen einen Namen. "
(Psalm 147,3-4; HfA)

SELBSTLIEBE – AN DEINER SEITE

„Ach, ich wäre so gerne besser organisiert", denke ich, als ich den Wäschekorb voller Kleider zum Falten neben mein Bett stelle. Ich hatte doch vorgehabt, es im Laufe des Nachmittags zu erledigen. Aber jetzt möchte ich nur noch eins: schlafen!

Ich wäre manchmal gerne eine andere Frau oder wenigstens die ‚verbesserte Version von mir'. Ich sehe mich selbst, immer lächelnd, immer pünktlich, erfolgreich im Beruf, mit Vorzeigekindern, einer Ehe wie in den besten romantischen Filmen, einem Haus wie in den glänzenden Magazinen, schmaleren Hüften, sportlich, entspannt, schweigsamer, bedacht. Ein bisschen perfekt, aber nicht zu arg, man will ja kein Spaßverderber sein. Weil: Eigentlich mag ich Menschen, die Ecken und Kanten haben. Ich liebe sogar die Mamas, die sich, so wie ich, leicht verträumt durch das Leben kämpfen. Und, ganz ehrlich, ich finde, dass gerade sie besonders toll sind: meine Freundinnen, die manchmal etwas neben der Spur sind.

Ich will nicht, dass meine Freundinnen sich ändern, ich erwarte keine „Verbesserung", damit ich sie lieben kann. Ich finde sie genial, genau so, wie sie sind. Ich habe immer ein gutes Wort parat, einen tröstenden Gedanken für sie, eine Ermutigung. Aber für mich selbst habe ich keine guten Worte. Ich versuche so oft, mich selbst zu überwinden, spreche mir keine Ermutigung zu, kein „gut gemacht, Rebecca", keine liebevollen tröstenden Gedanken, wenn mal etwas schiefgeht. Nein, so oft lege ich noch eins drauf und mache mir noch mehr Vorwürfe. Ganz schön hart! Wir können ganz schön hart mit uns selbst sein. Dabei tun wir uns weh und verewigen unsere eigenen tiefsten Wunden. Wir lassen nichts heilen, wir tun uns unrecht. Deshalb möchte ich dir schreiben:

Sei du deine eigene Freundin! Nicht die einzige, aber sei du dir eine gute Freundin.

Du brauchst dich an deiner Seite, auf der Seite der Verteidigung. Nicht als Anklägerin, dort ist nicht dein Platz!

Wenn du am Abend ins Bett gehst, brauchst du wohltuende Worte und Gedanken und nicht Kritik oder Verurteilungen. Davon gibt es genug um uns herum, in uns selbst. Sei dir selbst eine gute Stimme in deinem Kopf, in deinem Herzen. Sei du für dich selbst die Stimme, mit der du sonst deine Freundin ermutigst, tröstest, zum Lachen bringst. Sei du diese liebevolle Hand, die sich auf deine müden Schultern legt und sagt: „Ich bin bei dir." Sei du der sanfte Kuss, der auf deiner sorgenvollen Stirn landet, das Flüstern, das sagt: „Du brauchst dich nicht zu fürchten."

Sei du die frische Brise, die dich zum Lachen bringt.

Sei du diese Mutter, die dir sagt: „Ich bin stolz auf dich, du machst das wunderbar."

Sei du die Richterin, deren Urteilsspruch laut und deutlich für alle zu hören ist: „Diese Mutter ist unvollkommen perfekt: gerade richtig!"

Sei du deine Ermutigerin, sei es für dich, du brauchst dich an deiner Seite.

Und wenn du lernst, mit dir selbst liebevoll, respektvoll und geduldig zu reden, wirst du staunen, welche Wellen das um dich herum schlägt. Dann lernen auch deine Kinder, auf diese Art zu sich selbst zu sprechen! Und das ist so wertvoll, ein Leben lang wertvoll, wenn man sich selbst mit Liebe begegnen kann.

Widersprich den Stimmen, lass nicht zu, dass sie dir deinen Frieden rauben, deinen Schlaf verderben. Glaube ihnen nicht, wenn sie dir am Abend ins Ohr schreien, dass du etwas nicht hinbekommst, dass du sowieso zu blöd/emotional/unorganisiert/faul/kompliziert dafür bist! Lass dich nicht anlügen. Lege Einspruch ein!

Wenn du am Abend im Bett liegst und daran denkst, wie du wieder mal die Kinder angeschrien hast, einen Termin vergessen hast, dies und das nicht gut genug erledigt hast und in deinem Kopf die Liste von Vorwürfen unendlich lang wird, dann lege Einspruch ein. Laut und deutlich. Sage STOPP zu diesen Stimmen, diesem Gedankensturm, diesen Sorgen, die dir den Schlaf rauben. Sage STOPP und denke an deine Freundin. Was hattest du zu ihr gesagt? „Ich bin gern bei dir zu Besuch", als du die Wäsche auf die Seite gelegt hast, um auf ihrem Sofa sitzen zu können. „Deine Kinder sind so neugierig, so lebhaft, sie interessieren sich für so vieles", wenn sie wieder mit dreckigen Händen und total hungrig ins Wohnzimmer reingeplatzt sind und deine Freundin dich peinlich berührt angeschaut hat. Was hattest du ihr noch mal geschrieben, als sie dir am Abend eine Nachricht geschickt hat, die lautete: „Ich bin so müde, ich könnte heulen, ich schaffe das alles nicht"? Ja, DU, DU, die sich heute Abend vielleicht Tausende von Vorwürfen macht, hattest ihr geschrieben: „Geh schlafen, ruh dich aus, ich finde, dass du alles so gut hinbekommst. Lass doch die Sachen liegen, bring die Kinder ins Bett und lege dich hin, morgen wird alles besser aussehen." Niemals hast du zu ihr gesagt: „Mensch, reiß dich doch zusammen, hör auf zu jammern, gib dir mehr Mühe, mach endlich mal was richtig!" Aber wie oft hast du genau diese Worte zu dir selbst gesprochen? Wie oft nörgelst du an deinen eigenen Wunden, Fehlern und Grenzen herum?

Ach, wenn wir sehen könnten, welche Schäden wir bei uns selbst anrichten, wenn wir so hart mit uns selbst sind, so herzlos, so kalt. Diese Worte, die wir niemals im Gespräch mit einer Freundin benutzen würden, mit denen bombardieren wir uns selbst manchmal – Tag und Nacht. Wir füttern unsere Seele mit diesem Gift! „Du bekommst echt nichts hin.

Für wen hältst du dich denn? Wärst du nur besser!" Und wir klammern uns an diesen Sätzen fest, wiederholen sie sogar! Was für ein Jammer! Dabei brauchen wir doch unsere eigene Unterstützung. Wir brauchen diese eine tröstende, liebevolle, ermutigende Stimme in uns, von uns, für uns. Die Stimme, die unserer guten Freundin sagen würde:

„Es ist so toll, dass es dich gibt. Ich freue mich, bei dir zu sein. Ich mag deine kleine Welt, wie du dich um deine Kids kümmerst. Ich bin beeindruckt von deiner Arbeit, deinen Ideen, deinem Humor. Und, ja, ich weiß, du hast heute etwas vergessen, aber es gehört zum Menschsein dazu. Wir alle machen Fehler, das passiert einfach!"

Das sind die Worte, die wir uns auch selbst sagen können. Und wenn die Worte zu deinem Herz fliegen, wirst du merken, wie wohl dir das tut. Wie Balsam für die Seele. Es kribbelt und freut sich etwas in dir. Dann halte dich daran fest, merke sie dir, schreibe sie auf einen schönen Zettel, lege den Zettel auf deinen Nachttisch, klebe ihn an deinen Spiegel, sei großzügig damit. Sei großzügig mit der Liebe, die du dir selbst gibst. Du brauchst dich, du brauchst eine große Portion Zuneigung zu dir selbst, deinem Körper, deinem Leben, für deine Familie, dein zu Hause … weil das am Ende alles ist, was wir sind, alles, was wir haben. Es ist so viel und gleichzeitig so wenig und wir sind so unvollkommen und trotzdem gleichzeitig so wunderbar.

Und immer wieder, wenn es Abend wird und du zur Ruhe kommst: Lege eine Hand sanft auf dein Herz, und wage es, dir selbst diese Worte zu sagen:

„Gute Nacht, ich mag dich,
ohne dich wäre die Welt ein Stückchen ärmer,
weil du einzigartig bist, und es ist gut, so wie du bist,
du darfst in Ruhe schlafen,
es ist okay, dass du heute nicht alles geschafft hast,
lass es los, morgen ist auch noch ein Tag."

Ich wünsche dir, dass du diese Freundin findest, die dich daran erinnern kann, wie toll du bist, wie einzigartig du bist und dass du diese Welt ein Stück besser machst, weil du da bist … Und ich wünsche dir, dass du diese gute Freundin für dich selbst sein kannst.

„Ich danke dir und staune,
dass ich so wunderbar geschaffen bin.
Ich weiß, wie wundervoll deine Werke sind."
(Psalm 139,14; BB)

DU BIST GENUG

Sie ist manchmal so streng,
die junge Mutter, mit sich selbst.
Sie legt sich abends hin,
findet keine Ruhe,
schimpft mit sich selbst
und denkt:
„Schon wieder versagt!",

tagein,
tagaus.
Sie bemüht sich.
Sie strengt sich an.
Auf Zehenspitzen versucht sie,
unmögliche Ziele zu erreichen.
Unendlicher Kampf gegen sich selbst.
Es scheint doch nie genug zu sein.
Sie scheint doch nie genug zu sein.

Und die anderen schauen zu,
meinen viel,
helfen wenig,
warten aufs Versagen.

Abends ist sie so enttäuscht.
Wieder mal hat sie geschrien.
Wieder hat ihr die Geduld gefehlt,
und beim Einschlafen stellt sie sich vor,
sie wäre anders, sie wäre besser,
und denkt:
„Schon wieder versagt!",

tagein,
tagaus.
Sie versucht es.
Sie gibt ihr Bestes
und sieht selbst gar nicht, wie unglaublich sie ist.
Sie kratzt an ihren Wunden,
wünschte, sie könnte genug sein,
und merkt nicht, dass sie es längst schon ist.

Ihre Kinder sehen sie,
lieben sie so sehr,
feiern sie,
sehen kein Versagen.

Aber
so oft vergisst sie,
wenn der Abend kommt,
wie wunderbar sie doch schon ist,
einzigartig und geliebt,
so liebevoll gestrickt.

Wir sagen es ihr:
„Du hast nicht versagt!",

tagein,
tagaus.
Sie hört uns fast nicht mehr.
Wir sollten lauter sein,
damit sie sie endlich hört:
die Worte, die ihr Herz berühren!
Sei nett zu dir, mit dir!
Du brauchst nicht anders sein!
Du bist doch schon genug!

Du bist schon wunderschön,
einzigartig und geliebt!
Und wir hätten so gern, dass du am Abend sanfter mit dir
sprichst:
„Gar nicht versagt! Gelebt! Gelacht! Gut gemacht!"
Wir hätten so gern, dass du dich liebst,

tagein,
tagaus,
vollkommen wichtig,
mit Ecken und Kanten,
mit Schatten und Licht!
Du bist vollkommen richtig,
eine Nummer für sich!
Absolut und schon immer vollkommen GENUG!

Und wir wünschen uns so sehr,
dass du, junge Mutter, am Abend
diesen Worten glaubst
und damit einschläfst:
„Gar nicht versagt. Gar nicht versagt.
Du bist genug.
Du bist genug!"

HEILUNG –
DER ALTE SCHMINKTISCH

„Endlich Sommer!" Lucia ließ ihre Taschen auf den Boden fallen und rannte ihrer guten Freundin Clara entgegen. Sie begrüßte sie mit einer festen Umarmung. Gab ihr links und rechts Küsse und auf dem ganzen Spielplatz hörte man ihr schallendes Lachen. „Endlich ist es wärmer."

„Ach Lucia", sagte Clara, „dich zu sehen, macht mir immer gute Laune." „Gut so", meinte Lucia, die schnell ihre Kinder zählte: eins, zwei und drei – alles gut! Dann leerte sie eine Tasche voller Sandspielsachen in eine freie Ecke des Sandkastens aus. Endlich nahm sie Platz auf der Bank neben Clara. Vergnügt wühlte sie jetzt in einer übergroßen Einkaufstasche, die von bunten Sachen überquoll, und strahlte dabei.

Clara erkannte sofort, was das bedeutete: „Wie ich sehe, warst du schon früh auf dem Flohmarkt. Bist du fündig geworden?"

„Oh ja! Und wie! Schau, ich habe diesen Schatz gefunden. Ich sehe ihn schon bei mir im Badezimmer stehen."

Clara nahm den kleinen Hocker in die Hand und dachte kurz: „Den hätte ich niemals mitgenommen, so viele unterschiedliche Farbschichten, unstabil, und es fehlt sogar eine kleine Ecke." Aber sie fragte einfach: „Hast du wieder eine Rettungsaktion vor?", und Lucia antwortete schwungvoll:

„Genau! Ich werde ihn reparieren und, versprochen, er wird noch schöner werden."

Clara musste lachen. „Lucia, du bist einzigartig. Für dich ist es nicht schlimm, dass dieser Schemel eigentlich alt, schmutzig und kaputt ist. Du findest ihn jetzt schon hübsch, oder?" Aber so war ihre Freundin. Immer wieder musste sie staunen. Lucia nahm wahr, was die anderen übersahen. „Wie ein fröhliches Kind", dachte Clara einen Moment. Wie wenn sie mit einer Brille rumlief, die ihr das Herz der anderen zeigte. Und wie bei dem Schemel kümmerte es sie wenig, ob jemand Ecken und Kanten hatte.

Clara schaute noch mal auf den kleinen farbigen Holzhocker und dann beobachtete sie Lucia und fragte: „Du liebst ihn jetzt schon, oder?" Lucia nickte glücklich, sprang auf, um ihrem jüngsten Sohn die Nase zu putzen und ein paar Mamas zu begrüßen. Währenddessen betrachtete Clara den alten Schemel und fragte sich, wie und wann ihre Freundin diese extra Portion Verständnis, Vertrauen und Liebe für ihre Mitmenschen und ihre Umgebung bekommen hatte. War sie damit geboren worden? Hatte sie keine Schläge im Leben abbekommen? Oder war sie einfach naiv? Merkte Lucia nicht, was alles in der Welt verdorben und hässlich war? Und doch wusste Clara, dass es nicht so war. Lucia hatte kein einfaches Leben gehabt. Und ihre Freundin machte auch kein Geheimnis daraus, dass sie Verletzungen erlitten hatte, deren Narben sie trug; dass sie manchmal sich selbst nicht mochte, weil sie zu laut, zu chaotisch, zu anders war; dass auch sie Höhen und Tiefen erlebt hatte.

Aber genau wie dieser kleine Schemel bald liebevoll renoviert sein würde, hatte Lucia auch ihr eigenes Herz irgendwie aufgepeppt und es langsam Stück für Stück heilen lassen. Die Rettungsaktion gilt für beides: ihr Herz und die alten Möbel, die sie bis spät in der Nacht in ihrer Garage restaurierte.

„Clara, du Süße, du träumst total, oder? Magst du ein Stück Wassermelone?" Clara schaute sich verdutzt um. Die Kinder aßen Kekse. Als sie satt waren, fragte Lucias ältester Sohn, ob er den kleinen Hocker ausleihen könnte, um eine Ecke des Tores zu markieren. Er rannte glücklich zurück zu seinen Freunden. „Ich habe ihn, los geht's!"

„Also", fragte Lucia dann ernst. „Würdest du mich an deinen Gedanken teilhaben lassen?"

„Ich frage mich, wie du diesen Schemel in diesem Zustand schön finden kannst. Aber nicht nur das, ich fragte mich auch, wieso du immer das Gute in den Menschen siehst und ob du auch so großzügig mit dir selbst bist. Wie man heil wird. Und wie man lernen kann, seine eigenen Narben irgendwann doch nicht mehr so hässlich zu finden."

Lucia stieß einen Pfiff aus und sagte: „Oh wow! Clara, das sind aber viele Fragen für den Spielplatz. Lass mich dir einfach erzählen, wie es mit dem Renovieren von alten Möbeln anfing, ja?"

Clara setzte sich einen Tick gemütlicher auf der Bank, sodass sie gleichzeitig ihre Freundin sah und einen Blick auf ihre Kinder hatte.

Lucia hielt einen Moment inne und legte dann los.

„Alles fing an, als unser Josh auf die Welt kam. Mehrere Jahre hatten wir schon versucht, ein Kind zu bekommen, aber es schien nicht zu klappen. Wir hatten fast unsere ganze Hoffnung aufgegeben und das Leben ging weiter. Ich dachte manchmal sogar, dass es besser wäre, wenn ich keine Mutter würde. Etwas in mir sagte herzlos: ‚Du bist doch nicht gut genug, um eine gute Mutter zu sein.‘ Aber dann wurde ich doch schwanger. Wir hatten uns so sehr auf dieses Baby gefreut. Seine Geburt war für uns eine Zusage, Hoffnung, Liebe, ein Geschenk des Himmels. Ich liebte ihn so sehr, dass diese Liebe fast schmerzte." Clara lachte. „Oh ja, das kenne ich. Es ist nicht nur die Liebe, es sind auch die Sorgen um dieses Leben, um unser eigenes Leben, die eigene Zeit und die vielen Projekte, die sich an die neue Situation anpassen müssen." Lucia lachte. „Du bringst es auf den Punkt! Ich war so glücklich und gleichzeitig so ängstlich. Ich verzweifelte an dieser Aufgabe. Und egal wie oft man mir sagte, dass ich mich gut um meinen Sohn kümmerte, hörte ich nur noch die Stimmen in meinem Kopf, die mich ständig verurteilten und mir in der Nacht zuflüsterten, dass ich nichts taugte. Sie sagten: ‚Lucia, du bist zu bunt, zu chaotisch, selbst viel zu gebrochen, um eine gute Mutter zu sein.‘ Und ich glaubte es – leider." Clara wollte Lucia gleich unterbrechen und der Stimme widersprechen: „Du bist so eine gute Mutter und wir haben dich so lieb mit deiner kleinen chaotischen Welt." Aber Lucia legte ihre Hand auf Claras Arm und erzählte weiter: „Ich war total aus der Balance geraten." Clara seufzte und fragte leise: „Und? Was ist passiert? Wurde es besser?" Lucia lachte bitter. „Oh nein, es ist erst mal schlimmer geworden! Josh wurde krank, seine Bronchien. Er musste sogar ins Krankenhaus. Ich war nur noch müde und hatte richtig Todesangst um mein Kind. Ich war keine Hilfe – für niemanden, weder für meinen Sohn noch für meinen Mann Tilo, ganz zu schweigen von dem Team im Krankenhaus. Ich war wirklich eine Mutter, die nicht mehr klar denken konnte, die heulte, schrie und zitterte. Als die schwierigste Phase vorüber war, kam Josh nach Hause. Er musste nur noch alle paar Stunden inhalieren, Tag und Nacht. Ich schlief neben ihm, wachte immer wieder auf, um abzuchecken, ob er noch atmete. Meine Welt drehte sich nur noch um meine Angst. Wie eine unerfahrene Seiltänzerin lief ich wackelnd auf einem sehr, sehr feinen Seil und drohte jeden Moment abzustürzen. Tilo fühlte sich hilflos. Josh ging es immer besser und er war schnell wieder gesund, aber ich sank immer tiefer in meine Sorgen. Ich spürte die inneren Wunden, hasste die Narben, hörte nur noch die Stimmen, die mich richteten und verdammten. Eines Tages, am Ende des Abendessens, kam Tilo hinter meinen Stuhl und legte seine Hände auf meine Schultern. Dann sagte er sanft: ‚Lucia, ich sehe, dass es dir nicht gut geht, aber egal was ich mache, es hilft dir nicht. Die Worte, die ich sage, scheinen dich nicht zu trösten. Es ist, wie wenn dein Herz ein Loch hätte und alles Gute, alle meine Liebe für dich sofort rausfließen würde. Was könnte dir helfen?‘ Ich antwortete: ‚Keine Ahnung, Tilo, oder doch, vielleicht brauche ich ein bisschen Zeit allein. Aber wie sollte ich meinen Kopf freibekommen?‘ Tilo setzte sich wieder hin und dachte eine Weile nach. ‚Wie wäre es, wenn du nicht probierst, deinen Kopf freizubekommen, sondern versuchst, ihn mit etwas anderem zu füllen? Mit guten Projekten, die du nur für dich machst!' Er strahlte plötzlich und sagte: ‚Wie wäre es, wenn du den alten Schminktisch renovierst, den du mal beim Flohmarkt gekauft hast und der in der Garage auf dich wartet? Ich schaffe dir die Zeit dafür. Diese Woche zum Beispiel könnte ich mich jeden Abend um Josh kümmern. Wir essen zusammen, und dann gehst du runter und kümmerst dich um den Schminktisch, und ich übernehme hier den Rest, ja?'" Lucia strahlte regelrecht.

„Ich ging in die Garage, machte das Licht an, fand den Schminktisch unter einem Stapel alter Zeitungen und suchte mir ein gemütliches Plätzchen zum Arbeiten. Ich schaute mir das alte Möbelstück an, begann, die Renovierung zu planen, und notierte, was ich dafür brauchte. Ich konnte schon sehen, wie einzigartig und schön dieser Schminktisch eigentlich war, und jedes Mal, wenn ich ihn anschaute, spiegelte sich mein Gesicht in seinem schmutzigen und staubigen Spiegel. Sanft berührte ich den Tisch, die Verzierungen, die kaputten Stellen, die Flecken, die alten Sticker, die draufgeklebt waren, und sagte laut: ‚Wer hat dich so behandelt? Wer hat dich verletzt? Wie viele Narben musst du tragen? Wer hat deine Schönheit nicht gesehen und dich mit Etiketten vollgeklebt? Wer hat deine schöne, eigene Farbe unter Schichten von buntem Lack versteckt? Wer hat deinen Wert nicht mehr erkannt und wollte dich loswerden? Weißt du eigentlich, wie schön du bist?' Und als ich diesen Satz sagte, sah ich mein eigenes müdes, blasses, sorgenvolles Gesicht im Spiegel und begann zu weinen. ‚Weißt du eigentlich, wie schön du bist?‘ Dieser Satz hallte in mir nach. Auf die Tränen folgte eine tiefe Wut. Ich schrie: ‚Nein, ich bin nicht schön! Nicht mehr! Nein!‘ Ich schlug gegen das Holz, schimpfte, fühlte mich schmutzig, leer, wertlos: ein altes kaputtes Möbelstück!

An dem Abend gab ich auf und ging schlafen, leer und hoffnungslos …, aber am nächsten Morgen war ich voller Tatendrang und hatte nur noch eins im Kopf: meinen alten Schminktisch und wie schön ich ihn eigentlich fand!

An diesem Abend ging ich mit Freude an die Arbeit. Ich schrubbte und putzte das alte Möbel so kräftig, dass meine Hände schmerzten. Dabei sagte ich immer wieder dieselben Worte: ‚Oh, du bist doch so schön, ich sehe dich, und ich kümmere mich um dich‘, und ab und zu traf sich mein Blick im Spiegel und ich gab auch mir selbst das Versprechen: ‚Ich kümmere mich um dich.‘

Während der ganzen Woche dachte ich tagsüber an mein Projekt und abends, allein in unserer Garage, restaurierte ich Schritt für Schritt den alten Schminktisch und gleichzeitig auch mein eigenes Herz. Ich schliff, stopfte manche Risse mit Wachs. Ich polierte den Spiegel, strich manche Stellen und ließ den Rest, wie er war. ‚Du bist eine Naturschönheit‘, sagte ich lachend. Ich ließ das Holz atmen und dabei auch meinen Kopf und mein Herz. Und als ich am Ende alles ölte, war es, wie wenn ich auf meinem eigenen durstigen Herz eine Schicht Balsam verteilte: liebevoll, taktvoll, sanft und bewusst. Endlich konnte ich laut sagen: ‚Du bist so schön, und ich freue mich, dass es dich gibt; du bist einzigartig, und deine Narben gehören zu dir, ich bin stolz auf dich!'

Das gilt für das alte Möbelstück genauso wie für mich. Im Spiegel lachte mir ein anderes Gesicht entgegen als noch vor ein paar Tagen. Immer noch müde, aber leichter, friedlicher."

Bei Clara kullerten leise dicke Tränen. Lucia reichte ihr schweigend ein Taschentuch und flüsterte: „Und bis heute, jeden Abend, wenn ich schlafen gehe, lege ich meine Brille auf meinen Schminktisch und sage mir wieder dieselben Worte: ‚Du bist so schön, und ich werde mich um dich kümmern, du bist einzigartig, und deine Narben gehören zu dir. Ich bin stolz auf dich.'"

Und als sie diese Worte sagte, wurde es einen Moment still um die beiden Freundinnen. Verbunden in ihren Herzen und Gedanken, genossen sie die Wärme, die so guttat.

Dann kam Josh zur Bank gerannt. In einer Hand hielt er die Beine des Schemels und in der anderen den Rest. „Also Mom, naja, wie soll ich es sagen? Wir wollten den Ball aus dem Baum holen. Ich bin auf das Ding draufgestiegen, dann krachte es laut unter meinen Füßen. Keine gute Idee. Tut mir leid."

Schnell legte er alle Teile auf die Bank und rannte wieder weg. Lucia stockte, schaute ihren kleinen schönen Schemel vom Flohmarkt an, blickte zu Clara, die ihr Lachen nicht mehr verstecken konnte, und sagte: „Naja, vielleicht kann ich ja noch ein Schneidebrett daraus machen", und fing dann auch lauthals an zu lachen.

„Er heilt alle, deren Herz zerrissen ist,
und verbindet ihre Wunden.
Er allein kennt die Zahl der Sterne,
er ruft sie alle mit Namen."
(Psalm 147,3–4; GNB)

EIN SEGEN VON EINER MAMA

von Annette Stumpf

MUTTER-SEGEN

Gott segne dich, liebe Mutter,
mit seinem allumfassenden,
mütterlichen und väterlichen Segen,
der alles beinhaltet,
was du brauchst an diesem Abend.
Gott segnet und sieht dich.
Er sieht dankbar deine Liebe, deine Mühe,
deine Arbeit, die manchmal auch über deine Kräfte geht.
Gott segne dich mit Selbstannahme.
Du bist DU – und genau so braucht dich Gott.
Dir hat er dieses Kind / diese Kinder anvertraut,
weil DU immer die beste Mama für DEIN Kind bist.
Gott segne dich mit Barmherzigkeit dir selbst gegenüber –
du machst Fehler wie jeder andere Mensch auch,
sei dir gnädig, denn Gott ist es auch und vergibt dir.
Gott segne dich als seine Tochter,
dass du seine Liebe spüren kannst
und dich fallen lassen kannst,
vertrauensvoll wie ein Kind.
Gott segne dich mit Mut,
die kleinen Zeitsekunden und Momente,

die dir ganz persönlich geschenkt sind,
zu ergreifen und zu nutzen – für DICH
und ohne schlechtes Gewissen.
So segne dich Gott mit einem erholsamen und guten Schlaf.
Du darfst wissen, dass Gott dein Kind / deine Kinder nicht
aus den Augen lässt
und die letzte Verantwortung für sie übernimmt.
Sei gesegnet!

4.
Zeit nehmen

„Und ich gebe dir Schätze, die im Dunkeln verborgen
sind – geheime Reichtümer. Das alles tue ich, damit du
weißt, dass ich der HERR bin, der Gott Israels, der dich
bei deinem Namen ruft.“
(Jesaja 45,3; NLB)

KRAFT – EINE PAUSE UNTERWEGS

Bella seufzt. Gefühlt war sie schon seit einer Ewigkeit wach. Dabei waren es nur ein paar Stunden gewesen. Schon vor sechs Uhr hatte sie den kleinen Nils gestillt und gehofft, dass er dabei wieder einschlafen würde. Knapp nach sechs war Mila aufs Bett gesprungen und Bella hatte ziemlich schnell die Hoffnung auf ein bisschen mehr Schlaf aufgegeben. Stattdessen: aufstehen. Ihren Kaffee hat sie wieder mal kalt getrunken. Zu lange war die Tasse auf dem Schrank im Flur stehen geblieben. Bella hatte ihn im Vorbeigehen dort abgestellt, als Mila sie aus dem Badezimmer um Hilfe gerufen hatte.

„Dieser Tag wird lang“, dachte Bella kurz. Moritz, ihr

Mann, wollte so gerne wandern gehen. „Ein Familientag in der Natur, zusammen, wie früher, meine Bella." Er hatte es sanft und fragend gesagt. Ob es noch möglich wäre – so wie früher? Sie hatte aus Liebe zugesagt. Eigentlich gab es vieles andere zu tun. Aber, na ja, frische Luft schnappen und den goldenen Oktober genießen, war ja auch schön und wichtig. Was konnte da noch schiefgehen? Oh, viel! Das merkte sie an diesem Morgen schon deutlich. Ob sie es jemals bis zum Berggipfel schaffen würden? Sie fühlte sich jetzt schon völlig erledigt.

Der Plan war, so früh wie möglich aufzubrechen. Mit zwei kleinen Kindern im Schlepptau war das nicht mehr so einfach wie früher. Aber irgendwann war die letzte Windel gewechselt; das Lieblings-T-Shirt gerade noch aus der Wäsche herausgefischt, um einen kleinen Nervenzusammenbruch bei Mila zu vermeiden; das Überraschungspicknick von Moritz geheimnisvoll und sorgfältig vorbereitet und gepackt. Bella hatte sogar noch in letzter Minute an ihren Fotoapparat gedacht. Als sie ins Auto stieg, war sie schon total geschafft. Wie in aller Welt hatte sie denken können, dass ein Wandertag mit zwei kleinen Kindern eine gute Idee sein könnte? Seit Nils' Geburt waren ihre Nächte wie Emmentaler Käse geworden: voller Löcher! Sie war dauernd müde, und wenn es wirklich in die Berge gehen sollte, hätte sie ja auch daheim die Wäscheberge bezwingen können. Sie lachte lauthals auf bei diesem Gedanken und drehte sich zu Moritz um. „Wir sind ja schon ein bisschen verrückt, oder?" „Aber immer gern doch!", sagte ihr Ehemann humorvoll. Bella schaute aus dem

Fenster. Es war friedlich im Auto. Sie bestaunte die Landschaft. Den Herbst hatte sie schon immer gemocht: alle diese Farben, die Bäume, die wie Pinsel standen, getränkt in rötliche, gelbe und leuchtend orangene Töne. Die Sonne stand noch tief und bahnte sich einen Weg durch die Stämme, Blätter und Äste und streichelte sanft die Gräser voller Tau. Traumhaft schön! Bellas Herz füllte sich mit Frieden. Einmal den hektischen Alltag vergessen! Nicht an die Liste von Aufgaben denken! Nicht die Spielzeuge auf dem Boden sehen, den Geschirrspüler ausräumen, die Kinderkleidung für den Winter aussortieren … Das alles ließ Bella hinter sich. Beide genossen die paar Minuten Ruhe im Auto. Lang würde sie sicher nicht anhalten, das war schon klar. Mila merkte bald, dass sie Hunger hatte und fragte jede Minute, wie lange es noch dauerte. Ihr Lieblingslied „Aramsamsam" hatte sie schon in Dauerschleife angehört und langsam wurde auch Nils unruhig. Nils und Mila wurden immer lauter, und beide Eltern waren erleichtert, als das Ziel endlich in Sicht war. „Wir sind daaaaaaa!" Bella schaute Moritz an und sagte: „Ich muss noch …" Ihr Mann verstand gleich: „Erst noch einmal Nils stillen? Alles gut, das hatte ich auf dem Radar. Mila und ich gehen erst mal bis zum Spielplatz am Rand des Parkplatzes." Bella lächelte. Moritz drückte ihr noch eine Flasche Wasser in die Hand. Er wusste, dass sie beim Stillen Durst bekommen würde. Es waren diese Details, an denen Bella Moritz' Zuneigung und Unterstützung am besten erkannte. Sie fühlte sich dadurch verstanden und geliebt.

Das war nicht immer so gewesen. Die Geburt ihres ersten

Kindes war wie ein Sturm gewesen und hatte alles auf den Kopf gestellt. Bella hatte sich allein gefühlt, und die Müdigkeit war so schwer geworden, dass ihr Humor und ihre Gelassenheit fast verschwunden waren. Alles war mühsam geworden und jede kleine Bemerkung von Moritz klang wie eine Kritik. Es schien nie genug zu sein. Beide hatten sich damals missverstanden gefühlt – manchmal sogar für den anderen unsichtbar, nicht mehr so wichtig wie früher. Sie saßen im selben Boot, aber merkten gar nicht mehr, dass der andere auch am Rudern war. Es hatte viel Zeit, ein paar ehrliche Gespräche und viele Tausend kleine Gesten gebraucht, bis sie wieder zueinandergefunden hatten. Ja, ihre Beziehung war durchgeschüttelt worden – auf die Probe gestellt, die Romanze leicht zerfranst –, aber ihre Liebe zueinander war dadurch sanfter, einzigartiger und wertvoller geworden.

Bella bedankte sich bei Moritz für die Flasche. Er wusste, dass dieser Dank viel mehr war als nur ein Wort. „Ach Schatz, ich habe zu danken." Er zwinkerte kurz. Und gleich rannte er wieder Mila hinterher, die unbedingt ihre Schuhe ausziehen wollte, um im Sand zu spielen.

Ein wenig später packte Bella ihr Baby in die Tragetasche und die ganze Familie machte sich auf den Weg nach oben. Mila war am Staunen. Sie kletterte auf die größten Steine, hüpfte über dicke Wurzeln, erzählte ununterbrochen von Krabbeltieren und Prinzessinnen und sang immer wieder vor sich hin: „Der Herbst, der Herbst, der Herbst ist da!" Moritz schaute seine Frau lächelnd an und sagte: „Immer am Singen und Reden. Ganz so wie die Mutter." Bella lachte und antwortete: „Sagt der Richtige!" Bald war Milas ganze Energie verbraucht und sie wollte eine Pause. Jeder Schritt war mit einer Klage verbunden und immer öfter saß sie am Rand des Weges. Nils war wieder wach und beobachtete alles neugierig. Er machte eine Grimasse, sobald die Sonne ihm ins Gesicht strahlte, und lallend ahmte er die Vögel nach. „Du singst so schön, kleiner Schatz!", sagte Bella immer wieder. Sie konnte ihr Glück nicht fassen – und bald auch ihren Rücken nicht mehr spüren. Moritz und Bella ermutigten Mila immer öfter: „Noch ein bisschen laufen und dann machen wir eine Mittagspause." Sie waren nicht mehr weit von einem Rastplatz entfernt – einem mit Grillplatz und Spielgeräten, auf einer kleinen Lichtung. Wenn es in den letzten Tagen genug geregnet hatte, gab es auch einen kleinen Wasserfall. Mila fragte neugierig nach und erklärte ihrem Papa, wie sie ihm helfen würde, ein Feuer zu machen, um die roten Würste zu grillen. So fand die ganze Familie genug Kräfte, um diese Strecke noch zu schaffen.

Endlich kamen sie an. Moritz konnte es kaum erwarten, alles auszupacken, was er vorbereitet hatte. Er legte die XXL-Picknickdecke auf den Boden und suchte ein bisschen Holz für das Feuer. Mila und Nils konnten sich nicht sattschauen am Bergpanorama. Bella auch nicht. Der Ort schien direkt aus einem Bilderbuch oder einem Märchen zu kommen. Die Zeit verlangsamte sich, und es war, als bliebe sie kurz stehen. Auch das Essen war so gut. Irgendwie schmeckte alles noch besser als daheim. Die alte Schaukel knarrte unter Milas lebhaften und schwungvollen Bewegungen. Es war einen

Moment lang ruhig in Bellas Herz und Kopf. Alle Termine, alle Listen, alle Sorgen um den kommenden Winter waren vergessen, außer Sichtweite gerutscht. Es blieben die Farben des Herbstes, der Geruch des Feuers, das schallende Lachen von Mila, die sanfte Haut des kleinen Nils und der verliebte Blick ihres Ehemanns und besten Freundes Moritz. In Gedanken feierte sie ein kleines „Erntedankfest". Die Mühe, die Arbeit, die Müdigkeit dieser Tage und Nächte, die sich für sie manchmal ewig lang zu ziehen schienen, lohnte sich doch! Sie genoss den sanften Geschmack dieses Moments und sammelte die Eindrücke, um sie als Erinnerungen in ihrem Herz gut aufzubewahren. Sie tauchte völlig ein in das Gute um sie herum und in ihr selbst: in die Schönheit des „Hier und Jetzt".

Nach dem Essen gingen Moritz und Mila zu dem kleinen Wasserfall, um die Teller abzuwaschen und mit dem Wasser zu spielen. Es war längst Zeit, Nils wieder zu stillen. Bella legte sich im Schatten eines dicken Baumes auf die übergroße Decke. Bald schlief sie ein, während Nils weiter vor sich hin trank. Nach einer Weile kitzelte sie die Sonne im Gesicht. Nils lag nicht mehr neben ihr. Wie lange sie so geschlafen hatte, war sie sich zuerst nicht sicher. Von Weitem hörte sie Milas Stimme: „Nils! Nils, schaut mal: Land in Sicht!" Moritz antwortete: „Ahoi, Käpt'n!" Als Bella die Augen aufmachte, konnte sie die bunten Blätter über ihrem Kopf im Wind tanzen sehen. Sie atmete tief ein, blieb leise, um diesen Moment noch genießen zu können. Dieser Mittagsschlaf hatte ihr so gutgetan. Trotzdem fühlte sie sich noch immer kraftlos und dachte kurz: „Ojemine, das wird niemals besser! Ich bleibe für immer und ewig müde!" Sie wusste, dass viele ihrer Freundinnen sich auch so fühlten; dass der Druck auf ihren Mamaschultern schon ziemlich stark war und der Alltag wirklich schwer auf ihr lasten konnte. Als sie sich langsam hinsetzte, spürte sie die Fleecedecke, die Moritz diskret über sie gelegt hatte, als sie schlief. Er hatte Nils mitgenommen, als der Kleine sich gemeldet hatte, und seitdem hatte er mit den Kindern Piraten gespielt. Er hatte sich schon im Voraus darauf gefreut und extra dafür sein altes Fernglas eingepackt. Bella war so dankbar für Moritz' Idee. Sie nahm erstaunt den Stoff der Decke in die Hand. Am Rand spürte sie eine Stickerei. Langsam las Bella die Worte: „Kommt zu mir, ihr alle, die ihr euch abmüht und belastet seid! Ich will euch Ruhe schenken." O, dieser Bibelvers! Diese Worte von Jesus hatten sie durch dick und dünn begleitet, besonders während ihres Studiums. Da stand es wieder: liebevoll eingeprägt in eine sanfte und warme Decke. Bella musste kurz weinen und schniefte so laut, dass Mila sie hörte und zu ihr rannte. „Papa! Papa, Mama ist endlich wach!" Mila kuschelte sich unter der Decke an sie. Moritz und Nils folgten bald auch und es wurde noch lange und laut gelacht und erzählt. Die Blicke zwischen Bella und Moritz sprachen Bände: „Wie wunderschön!", flüsterte sie ihm ins Ohr.

Irgendwann merkten sie, wie spät es geworden war. Moritz fing an zu packen. „Jetzt ist es Zeit, wieder runter zum Auto zu laufen." Bella war verdutzt. „Aber Moritz, du wolltest doch so gern bis ganz oben laufen! Bist du nicht enttäuscht? Wir haben es nicht geschafft." Moritz sagte tröstend, aber entschlossen: „Nein, gar nicht! Im Gegenteil, ich bin so glücklich. Ich wollte Zeit mit euch verbringen. Ich wollte mit dir zusammen eine Weile abschalten, lachen und ausruhen. Und genau das haben wir erlebt, oder?" Und wie!

Als sie nach Hause fuhren, spürte Bella noch die Wärme der Sonne auf ihrem Gesicht und die frische Luft in ihren Lungen. Beide Kinder waren im Auto eingeschlafen. Und Bella wusste, gleich an der Haustür würde ihr das Chaos wieder entgegenkommen. Aber sie wusste auch, dass sie immer wieder zu Kräften kommen konnte, zur Ruhe. Sie war nicht allein. O nein, sie war nicht allein! Mit ihren Fingerspitzen streichelte sie immer wieder die im Stoff eingeprägten Worte, die ihr guttaten: „Kommt zu mir!" Sie machte die Augen zu und flüsterte ein „Danke". Ein Danke, das von Herzen kam. Ein Danke für das Leben, für Moritz, für ihre Kinder, für den Herbst, für die Wärme, für die Farben, für den Schlaf, für all das Gute, was sie jeden Tag erleben durfte. Es war ein Danke, leicht und tief, sanft und kräftig. Ein Danke wie ein Gebet: das Gebet einer müden, aber von Herzen dankbaren Mama.

EINS, ZWEI, DREI ...

Sie legte sich ins Bett und machte die Augen zu.
„Zähle die Schäfchen!", hatten sie ihr gesagt,
„dann kommt der Schlaf von selbst, das nimmt dich mit,
entspannt dich echt, vergiss alles."

Sie legte sich ins Bett, wollte aber keine Schäfchen zählen,
sie wollte Segen zählen und danken,
da kommt der Frieden in das Herz,
die Spuren der Liebe,
Entspannung in den Gliedern,
neue Hoffnung macht sich breit.

Sie legte sich ins Bett, atmete tief ein und zählte
kleine und große Schätze,
glitzernd, wimmernd, überwältigend,
Segen und Geschenke, alles,
was ihr in die Hände gelegt war,
alles und mehr, als sie brauchte.

Sie legte sich ins Bett und dankte leise
für all das, was um sie herum gewesen war und ist,
für all die Menschen, ihr Lächeln, ihr Leben,
für die kleinsten, schönsten Dinge und für das Große –
wunderbar.

Sie legte sich ins Bett, und jeden Abend,
statt Schäfchen zu zählen, zählte sie ihren Segen.
Und in ihrem Herzen wusste sie,
für gestern, heute und morgen,
dass das schönste Geschenk, das beste Schlaflied,
für immer das Danken sein wird!

Und jeden Abend zählte sie ihren Segen
und sprach dann ein Gebet:
Ich danke, dass ich danken kann.
Ich zähle deine Gaben.
Dabei ist mir bewusst, dass ich viel davon vergesse,
weil ich manchmal nicht sehe,
weil ich zu schnell unterwegs bin
oder weil ich davon ausgehe,
dass mir so viel zusteht.
Und dabei ist alles doch von dir,
Gott, du begleitest mich,
und wenn ich gar nicht mehr weiß,
wofür ich danken kann,
wenn Berge und Täler mir zu finster sind,
dann sage ich trotzdem Danke,
dass du mir Atem schenkst,
dass ich leben darf.
Und wenn ich tief eingeschlafen bin,
weiß ich doch noch, dass du da bist.
Du wachst über meinen Schlaf.
Auch dafür möchte ich danken,

das sind die Spuren,
die Spuren deiner Liebe,
in meinem ganzen Leben.
Gott sei Dank!

„HERR, mein Gott!
Wie oft hast du Wunder geschehen lassen,
wie zahlreich sind deine Pläne,
die du mit uns hast!
Keiner ist wie du!
Wollte ich alles erzählen, was du getan hast –
ich könnte es gar nicht – dazu ist es viel zu viel!"
(Psalm 40,6; NGÜ)

PAUSE – IM WINTERSCHLAF

Ich mache ein paar Schritte im Garten, unter meinen Füßen knistert es leise. Frost bedeckt den Boden, jeder Grashalm, auch der kleinste, sieht wie verzaubert aus. Die Sonne kommt heraus und spiegelt sich in Tausenden Kristallen um mich herum.

Und ich staune.

Unser Vogelhäuschen ist leer. Kein Vogel und kein Futter mehr. In meiner Hand halte ich die nächsten Körner, die ich jetzt behutsam hineinlege.

„Schaut die Vögel an", hat Jesus gesagt.

Meine Augen suchen nach ihnen, ich sehe noch keinen, aber ich kann sie hören. Singend, leise, sanft. Bald werden sie auch hierherkommen und sich Beeren im Gebüsch holen und hier im Häuschen ein paar Krümel, Körner oder Nüsse. Vom Wohnzimmer aus werde ich sie beobachten, wie sie weiterleben, sorglos, einfach, wie sie dann von einer Ecke des Gartens bis zur anderen fliegen werden. Ob sie spielen? Lange habe ich die Vögel nicht gesehen, sie nicht wahrgenommen, nicht gehört. Weil das Tempo meines Lebens mich zu sehr drängte, nicht stehen zu bleiben. In Gedanken vertieft oder ständig am Rennen bin ich blind durch die Welt gegangen.

Ich verteile die Körner mit einem Lächeln. Ich bin froh, dass ich da bin, dass ich mir Zeit nehme, um zu atmen, hier im Garten, wenn alles noch so still ist im Haus.

Und ich bete: „Ich sehe, Jesus, ich schaue die Vögel, ich mache die Augen auf."

„Euer himmlischer Vater sorgt für sie."

Ich atme tief ein und tief aus, grabe meine kalt gewordenen Hände tief in meine Taschen. Ich horche und staune.

„Schaut die Lilien an und wie sie wachsen", hat Jesus gesagt.

Und ich muss ein bisschen grinsen. Es gibt ja wohl gerade wenige Blumen anzuschauen, wenn der Winter seine Nase zeigt. Doch, ich entdecke noch ein paar kleine Rosen, samtrot, bedeckt mit Frost, sie tragen ein Kleid aus Kristall.

„Trotzdem war selbst König Salomo in seiner ganzen Pracht nicht so herrlich gekleidet wie sie."

Ich komme näher, bücke mich, um diese mutigen Blumen besser bewundern zu können. Sie überleben bei Kälte, sie blühen noch im Winter. Wie wundersam, wie fabelhaft sie sind. Und ich staune.

„Wenn sich Gott so wunderbar um die Blumen kümmert, die heute aufblühen und schon morgen wieder verwelkt sind, wie viel mehr kümmert er sich dann um euch?"

Ich atme tief ein und ganz langsam aus, mein Atem bildet eine Wolke. Noch einmal und das Karussell in meinem Kopf bleibt stehen. Es tut gut. Es ist alles so still heute Morgen, wie wenn das Leben auf Pause gedrückt hätte. Ach, auf Pause drücken, vielleicht wäre das ja auch mal was für mich? Ein Gedanke, der in meinem Kopf sofort Widerspruch hervorruft. Eine lange Liste von „aber ...", von „du solltest ..., du wolltest ..., es wäre ja gut ..., wichtig, vergiss nicht ...". Mein Karussell dreht sich plötzlich immer schneller.

STOPP, es reicht! Hat Jesus nicht auch gesagt: „Hört auf, euch Sorgen zu machen"?

Bewusst schaue ich mich um. Ich mache meine Augen weit auf. Ich will sehen, ich will atmen, ich will staunen. Ich will schmecken, hören, riechen. Ich will leben und auch mal ruhen.

Ich drehe mich noch einmal um und bemerke unseren Apfelbaum. Er ist ganz leer, trägt keinen einzigen Apfel, hat keine grünen Blätter. Er ist nackt und bis zu den kleinsten Ästen in Frost gehüllt. Er sieht dürr aus und streckt seine Zweige aus wie alte, faltige Hände. Er wirkt wie tot. Ich komme näher und streiche mit den Fingerspitzen über die Rinde, folge deren Struktur. Sie ist nicht glatt, sie hat Vertiefungen, ist sogar ein bisschen kratzig. „Mein schöner Apfelbaum", sage ich laut, „wo ist deine ganze Pracht, deine Energie? Wirst du denn jemals wieder blühen? Schaffst du das? Hast du eine Pause gebraucht, eine Winterpause eingelegt?"

Aber unter meinen Fingern pulsiert noch kräftig das Leben. Man kann es nicht sehen, aber mein Apfelbaum bereitet sich schon auf den Frühling vor. Dafür braucht er eben Zeit und Ruhe. Eine Pause. Nein, mein Baum kann nicht das ganze Jahr über blühen und Früchte tragen. Er muss wieder Kräfte sammeln. Er folgt treu und unbesorgt dem Lauf der Jahreszeiten. Er braucht einen Winter lang, damit es wieder Frühling wird. Und ich staune.

Ich flüstere dem Baum zu, sich Zeit zu lassen. Sage ihm, dass er auch schön ist, wenn er kahl steht, dass wir Geduld haben. Wir warten, eine Pause lang, einen Winter lang.

Und ich?

Brauche ich nicht auch manchmal eine Winterzeit in meinem Leben? Eine richtige Pause? Eine Zeit, wo weder Früchte noch Blüten bei mir zu sehen sind? Ich bin auch ein Teil dieser Natur – habe ich das vielleicht noch nicht verstanden? Diese Natur, die durch die Jahreszeiten geht, auch bei mir zuzulassen, darauf zu vertrauen, dass der Frost, die Ruhe, die Stille nicht für immer dauern werden. Dass etwas Neues am Brüten ist. Dass wir wieder blühen werden, dass unsere Früchte noch besser werden, wenn wir Zeit hatten, Kraft dafür zu sammeln?

„Deshalb sorgt euch nicht um morgen, denn jeder Tag bringt seine eigenen Belastungen."

Oh, ja, auch ich brauche diese Ruhe, Stille, diese Pausen in meinem Leben. Schlafen gehen, ohne ein verrücktes Karussell im Kopf zu haben.

Es scheint aber so oft unmöglich, die Zeit rennt uns weg, oder rennen wir vor dem Moment weg? Haben wir vergessen, dass wir keine Maschinen sind, dass wir nicht auf Knopfdruck produzieren können, dass wir auch mal Schlaf brauchen, guten Schlaf, genügend Schlaf? Dass wir auch Pausen brauchen, gute Pausen, genügend Pausen. Dass der Rhythmus, den wir uns selbst auferlegen, uns überfordert?

„Können all eure Sorgen euer Leben auch nur um einen einzigen Augenblick verlängern? Nein."

Mein Apfelbaum scheint mir sagen zu wollen, mich anzuflehen: „Mach mal Winter, lass den Winter zu, du wirst sehen, es tut so gut." Ich schaue ihn an und sage: „Aber es geht nicht, ich muss arbeiten und produzieren und aktiv sein, ich habe ein Programm, ich möchte so sehr, dass mein Leben in dieser Welt einen Unterschied macht." Aber in meinem Herz höre ich gleich: „Aber es ist zu viel, ich bin zu klein, ich möchte mal Stopp sagen, ich möchte mal Nein sagen, ohne Schuldgefühle. Ich möchte einfach mal nur sein, ein Apfelbaum im Winter sein."

„Euer himmlischer Vater kennt eure Bedürfnisse."

Ich schleiche mich wieder ins Haus, meine Beine frieren, mir ist kalt geworden, und meine Seele ruft nach Ruhe und Wärme. Nach einer Pause. Ich öffne die Tür unseres Schlafzimmers und gebe der Versuchung nach, wieder ins Bett zu steigen. Unter der warmen Decke fühle ich mich wohl, meine Augen gehen zu und ich schlafe wieder ein. Später, als die Kinder mich wecken und fragen, was ich so spät noch im Bett mache, sage ich: „Ich? Ich spiele Apfelbaum im Winter." Die Blicke sind Gold wert und ich nehme mir noch fünf Minuten, um in Ruhe aufzustehen. Dieser Extraschlaf hat mir wirklich gutgetan.

Ich blicke durch das Fenster in meinen Garten und flüstere: „In Ordnung, verstanden! Zeit, um für eine Weile einen Gang runterzuschalten, einmal Winter zulassen, den Frühling in Ruhe erwarten, weniger produktiv sein, Sachen stehen lassen und eine Pause genießen, so gut es geht."

Und ich staune.

„Die Sorgen von heute sind für heute genug."
(Nach Matthäus 6,25ff.; NLB)

EIN SEGEN VON EINER MAMA

von Kim Lutzenberger

Was war heute los?!
So viel Anstrengung, sich hintenanstellen, da sein,
trösten, pflegen, hören, machen und aushalten.
Und auch so viel Freude, Lachen
und berührende Momente.
Das alles bewahrst du in deinem Herzen.

Ich bete, dass du jetzt Ruhe findest, ganz für dich.
Dass du dich getragen weißt von jemandem, der größer ist.
Größer als alle Umstände, Erwartungen und Krisen.
Dass du, die sonst so viel hält, sich gehalten weißt,
mit allen Gefühlen und Gedanken.
Gott weiß schon von allen Sorgen und Schmerzen.

Und Gott ist da – für dich, jetzt.

Sein Frieden sei mit dir.
Sein Frieden, der unser Denken übersteigt, umhülle dich.
Dein Kopf soll zur Ruhe kommen.
Dein Körper soll Erholung erfahren.

Gott ist auch bei allen, die du trägst
und die an dir hängen.

Gott sieht sie und in seiner Hand sind sie am besten auf-
gehoben.

Ich bete, dass du durchatmen kannst.
Atme aus, gib ab.
Und atme Gott ein.
Seine Nähe, seine Zusagen, seine Liebe.
Gott ist da.
Er ist für dich.
Gott segne dich heute Abend.

Noch ein letztes Wort

Es ist vier Uhr. Etwas hat mich gerade geweckt und ich kann nicht mehr einschlafen. Das Manuskript des Buches ist fast fertig, und da, mitten in der Nacht, will mein Kopf die letzten Worte finden. Den letzten richtigen, echten, von Herzen kommenden Worten auf die Spur kommen.

Er fragt mich: „Du hast noch keine Widmung geschrieben. Wem magst du das Buch denn widmen?"

Ich widme dieses Buch den Mamas, denen die Angst zu versagen, die Sorge um die Kinder und die Last des Alltags viel zu oft den Schlaf raubt. Den Mamas, die nachts um vier an den Schwimmkurs des mittleren Kindes denken, die nächste Kindergeburtstagsparty im Kopf organisieren und sich vornehmen, am nächsten Tag nicht so viel Schokolade zu essen.

„Oh, du möchtest es dir selbst widmen?"

„Mir?"

Mein Herz weiß anscheinend mehr als mein Kopf.

Es war alles – für mich!?

„Rebecca, du möchtest dieses Buch eigentlich dir selbst, deinem 26 Jahre alten ‚Ich' widmen. Weißt du noch? Diese junge Mutter, die ihre Heimat so vermisste. Die weinend ihr erstes Baby in den Armen trug und sich verloren fühlte. Die wirklich Angst hatte, dieses wunderbare Lebewesen irgendwie „kaputt" zu machen. Eine junge Mutter, die nachts nicht

87

genügend schlafen konnte und tagsüber nicht mehr klar denken konnte, die durch und durch müde war."

Ich atme tief ein. Ja, dieses Buch ist für diese Mama, für mich.

Ich möchte so sehr diese jüngere Version von mir selbst ermutigen, trösten, ihr ins Ohr flüstern: „Halte durch, es wird alles gut werden, Rebecca, vertraue!"

Ich würde ihr Bilder von unseren drei Töchtern zeigen und ihr sagen: „Dein Baby wird morgen 18, sie ist wunderbar, sie hat sogar jetzt zwei Schwestern, 16 und 11 Jahre alt." Dann würde ich sie umarmen und ihr sagen: „Du hast es gut gemacht, Rebecca. Du bist an deiner Aufgabe gewachsen. Die Liebe hat niemals gefehlt, sie hat sich nur multipliziert, und du, du bist glücklich. Du hast dich nicht dabei verloren. Nein, du hast sogar zu dir zurückgefunden, du bist nach Hause zu dir gekommen: barfuß im Leben."

Du hast mein Buch gelesen. Und ich hoffe von Herzen, dass es dich auch so berührt, ermutigt, getröstet und umarmt hat, wie es bei mir der Fall war, als ich die Geschichten und Texte schrieb. Und ich in mir immer wieder die klaren, sanften, liebevollen Worte hörte:
„Wir sehen dich, wir lieben dich genau so, wie du bist,
und du bist nicht allein.
Sei getrost, sei gestärkt und
sei gesegnet mit einer guten Nacht."

Danksagung

Mein erster Dank geht an Ann-Céline, Emma und Pia (mit dicken belgischen Küssen). Es ist mir eine Ehre und eine Freude, eure Mama zu sein. Oh, ihr habt mein Leben total auf den Kopf gestellt, mein „ganzes Wissen" auf die Probe gestellt und mir dabei so viel beigebracht. Ihr habt meinen Alltag bunter gemacht, mir die Augen für die Welt, die um uns herum ist, geöffnet. Ihr habt mir beigebracht, mein Leben zu entschleunigen, und ich bin so dankbar dafür. Dieses Buch ist gefüllt mit dem, was ihr mir beigebracht habt. Danke, ihr seid für immer mein größter Segen auf der Erde (mit eurem Papa, na klar).

Ach Christoph, seit 20 Jahren sind wir jetzt verheiratet, und noch länger sind wir uns so gute Freunde. Ist es nicht wunderbar? Danke, dass du an meiner Seite stehst und mich ermutigst in all meinen Projekten. Danke, dass du mich und meine Arbeit so wertschätzt, daran glaubst und mir so oft hilfst, wenn ich am Ende bin mit meinem Latein (oder eher am Ende mit meiner deutschen Grammatik und meinen Nerven). Es ist so schön, deine Frau zu sein und nachts zu wissen, dass du nah bei mir schnarchst (jaaaa, ich auch, ich weiß).

Aber ganz ehrlich, dieses Buch gäbe es nicht, wenn ich nicht Stefan Loß an meiner Seite gehabt hätte. Stefan, du warst wirklich der richtige Begleiter für dieses Projekt und für mich! Und es ist nicht „mein Buch", es ist unser Buch. Ich habe dir vor eineinhalb Jahren gesagt: „Ich möchte ein Gutenachtbuch für Mamas schreiben." Du hast es gehört, du hast dran geglaubt, du hast dich dafür eingesetzt, das Projekt getragen, Geduld mit mir gehabt. Dabei habe ich so oft Angst gehabt und gesagt: „Was mache ich da? Das wird ja nichts." Und du? Du hast liebevoll zugehört und alles ausgehalten, mir einen Ort angeboten, wo ich frei schreiben konnte, und du hast jeden Text wertgeschätzt. Es war schon eine Challenge, gell? Aber du hast Kompetenz und Vertrauen gezeigt! Danke dafür! Und schau: Unser Buch ist da und es ist so schön geworden!

Ich möchte mich auch bei den Mamas bedanken, die bereit waren, mit ihren Worten die Leserinnen zu segnen. Eure Herzen und eure Liebe war mir ein Geschenk und macht dieses Buch einmalig schön.

Mein Dank geht noch an so viele Menschen, die mich mit Liebe, Humor, Wertschätzung und Unterstützung umgeben. Niemals würde ich schreiben, wenn ich euch nicht in meinem Leben hätte. Danke für eure Ermutigungen, euer „Gute Nacht, liebe Rebecca", eure Gebete, eure „Ich habe dich so lieb", eure „ça va aller" … Man sagt, dass es ein Dorf braucht, um ein Kind großzuziehen, aber es braucht noch viel mehr Menschen, um eine Mutter zu unterstützen. Und ihr seid so oft da für mich, danke. Ich finde, dass ich das schönste Dorf um mich herum habe. Die Liste ist lang und sicher nicht ausführlich, aber hiermit schicke ich meinen Dank an Matthias Wolff, Uwe, Michael, Irmgard, Manfred, Maman,

Papa, Myriam, Jonathan, Déborah, Mirjam, Benni, Michelle, Vincent, Fani, Mona, Andrea, Judith, Caroline, Tipsy (und ihre Tiere), Hélène, Anna, Carola, Claudia, Elke, Vincent, Bénédicte und noch so viele andere …

Und wisst ihr was? Dieses Buch würde es ohne Gott nicht geben. Und so möchte ich mit einem Gebet abschließen. Mit einem Dank an den, der mir immer wieder sagt: „Du brauchst dich nicht zu fürchten, kleine Herde!" (Lukas 12,32).

Mein tiefster Dank geht an dich, Gott,

der, der mich kennt und liebt und hält,

der, der über meine Kinder wacht,

der mich beschenkt mit so vielem und noch mehr

und der mir beisteht in all der Not und Angst und den schlaflosen Nächten.

Du hast mich nicht verlassen, auch wenn ich dir mal die kalte Schulter gezeigt habe.

Nein, da hast du einfach liebevoll meine kleine Hand ein bisschen fester gehalten.

danke für das Schreiben, für die Bücher, für die Worte,

danke, dass ich dich darin finden, dich erfahren kann,

danke, dass es Trost gibt, Ermutigung gibt,

danke für den Sinn für Humor und für Bewunderung,

danke, dass ich alles bei dir sein darf: klein wie ein Kind oder auch „selber groß", erwachsen.

Danke, dass du mich siehst.

Danke, dass ich dieses Buch schreiben durfte, ich fühle mich beschenkt.

Danke, dass du die Mamas dieser Welt immer so gemocht

hast, dass du sie siehst, dass du ihnen nah bist, dass du sie segnest … in ihrem verrückten Alltag und auch mitten in den schlaflosen Nächten.

Und ganz am Ende möchte ich dir für das Team, das mit mir an diesem Buch gearbeitet hat, danken. Ganz besonders für Stefan, der mir mit seiner Liebe und seiner Gabe für Sprache ein einmaliger Begleiter war.

Und, Gott? Danke, dass es die Natur gibt, die Jahreszeiten, die Tiere. Danke für unsere 2 Katzen, die meine Arbeit am Schreibtisch immer wieder sehr spannend machen, besonders wenn sie unbedingt auf meiner Tastatur rumlaufen oder direkt neben meinem Computer einschlafen. Ach, und danke, von Herzen danke für das kleine Schaf mit seinen langen Ohren, das mir seit Monaten jede Woche bei Pias Reittherapie beibringt, wie es ist, ein Schaf zu sein: ein glückliches, vertrauensvolles, liebevolles, wuscheliges Schaf.

Und ich, ich bin gern ein kleines Schaf in deiner Herde.

Du bist mein guter Hirte.

Amen.